La bonne réparation pour toi

La « bonne réparation pour toi », pour te donner les moyens d'aller au-delà de tout comportement addictif ou compulsif

La bonne réparation pour toi

La « bonne réparation pour toi », pour te donner les moyens d'aller au-delà de tout comportement addictif ou compulsif

par Marilyn Maxwell Bradford

MSSW, MEd, CFMW

La bonne réparation pour toi

ISBN: 978-1-63493-199-1

Mise en page : Karin Kinsey
Traduction : Katioucha Zakhanevitch

Publié par Access Consciousness Publishing, LLC
www.accessconsciousnesspublishing.com

Imprimé aux États-Unis d'Amérique
Impression internationale au Royaume-Uni et en Australie
Première édition

Table des matières

Introduction

Bonjour. Je m'appelle Marilyn Bradford et j'aimerais t'inviter à une possibilité différente pour aller au-delà de l'addiction.

Ma relation à l'addiction a commencé dès la plus tendre enfance. À l'âge de sept ans, j'étais tellement accro au sucre que mes parents devaient limiter la somme d'argent que je pouvais dépenser par jour aux bonbons. Plus tard, j'ai développé une addiction à la cigarette, à la nourriture et à l'alcool ainsi qu'à certains comportements comme me juger comme étant en tort, et à essayer d'avoir « raison ». Ce que je ne comprenais pas à l'époque, c'était que je choisissais mes dépendances comme un moyen de gérer le fait de ne pas parvenir à m'intégrer, de me sentir intrinsèquement en tort et de me sentir submergée par les pensées, sentiments et émotions dans la tête. Ma récupération fut un processus long et difficile. Dommage que je ne savais pas alors ce que je sais maintenant !

J'ai continué à boire, fumer, me suralimenter et me sous-alimenter pendant plusieurs décennies. Finalement, j'en suis arrivée à un point où mon mariage battait de l'aile et où je buvais pour oublier pratiquement tous les soirs. J'ai commencé une psychothérapie. J'ai eu la chance de trouver un psychothérapeute non traditionnel et talentueux qui m'a aidé à démêler ma folle toile de mensonges et de systèmes de croyances. Après avoir travaillé ensemble pendant un temps, il m'a envoyé suivre le programme en douze étapes pour m'aider à arrêter de boire de l'alcool, ce qui semblait être la meilleure solution disponible à l'époque. Entre temps, mon mariage s'était écroulé, j'étais en dépression et je me sentais comme une étrangère dans ma famille. Toutefois, je commençais à avoir un aperçu de ce qu'était une vie plus pleine et plus excitante que tout ce que j'avais jamais cru possible.

Peu de temps après, j'ai entamé un programme d'études pour devenir thérapeute avec une spécialisation dans les addictions. Ce programme mettait l'accent sur l'importance de redonner aux personnes leur propre pouvoir à avoir plus de choix et de contrôle dans leur vie. Une fois diplômée, j'ai travaillé trois ans et demi dans un hôpital psychiatrique où je m'occupais de l'unité des traumatismes adultes et je travaillais avec des personnes dépendantes. J'ai ensuite ouvert un cabinet privé. Durant les quelques années qui ont suivi, j'étais aux prises avec le paradoxe d'œuvrer à rester sobre en admettant mon impuissance et en remettant ma vie et ma volonté aux mains de quelqu'un ou quelque chose de plus grand que moi tout en travaillant à partir d'une théorie qui se fondait sur l'importance de redonner aux gens leur propre pouvoir.

Je mettais un point d'honneur à connaître d'autres programmes de récupération et je les ai tous essayés. Bizarrement, le fait d'appliquer la solution de quelqu'un d'autre à ma dépendance exigeait de moi une énorme quantité d'efforts pour un résultat insatisfaisant. Oui, je suis restée sobre, mais au prix de nombreux efforts pour mon être. On me disait que je devais avoir une identité permanente d'alcoolique et que je devais consacrer de nombreuses heures de travail chaque jour pour rester sobre. La difficulté pour moi était que je désirais avoir une vie qui reposait sur beaucoup plus qu'un programme de récupération restrictif — et je souhaitais offrir une plus grande possibilité à mes clients.

Quel soulagement ce fut pour moi de trouver Access Consciousness® ! Enfin, il y avait des outils, techniques et processus qui permettaient vraiment de reprendre mon propre pouvoir et que je pouvais appliquer à tout dans ma vie, y compris ce que je devais encore résoudre au niveau des addictions. Ces outils étaient tellement efficaces que j'ai commencé à les enseigner à mes clients avec des résultats étonnants. Il n'était plus nécessaire d'aborder la dépendance avec les solutions des autres. Ces outils ont permis à chacun de mes clients de découvrir ce qu'était véritablement la récupération pour eux personnellement. Les résultats ont été tellement spectaculairement différents de ceux de la psychothérapie ou du traitement traditionnel des addictions que j'ai demandé à Gary Douglas, le fondateur d'Access Consciousness®, si je pouvais créer un programme pour les addictions basé sur Access Consciousness®. Ce fut le début de La bonne réparation pour toi, LLC.

Si tu es prêt à considérer une approche radicalement différente de l'addiction, ce livre est pour toi. La bonne réparation pour toi n'offre pas un système dans lequel tu te moules. Personne ne te dit ce que tu dois faire ni te donne des réponses concernant ta vie. La bonne réparation pour toi t'offre des outils, techniques, informations et processus que tu peux utiliser pour te débarrasser de tes problèmes liés aux addictions et créer une vie qui soit au-delà de tout comportement addictif ou compulsif. C'est toi qui choisis. Cela peut paraître quelque peu effrayant au premier abord. Pourtant, avec du courage et de la détermination, tu peux te hisser au-delà des comportements addictifs dont tu pensais qu'ils te posséderaient pour le restant de tes jours.

Gratitude

Gary Douglas

Le programme La bonne réparation pour toi n'aurait pas pu voir le jour sans Gary Douglas, le fondateur d'Access Consciousness®. Il a non seulement fourni de nombreux outils, techniques et déblayages, mais il a aussi farouchement soutenu mes efforts et tout ce qui avait trait à La bonne réparation pour toi. Son génie, ses inlassables encouragements, sa véritable gentillesse et sa générosité d'esprit m'ont encouragée à changer, créer et m'affirmer de façons que je n'aurai jamais même rêvé être possibles. Les mots me manquent pour le remercier à sa pleine mesure, alors je lui dis tout simplement : immense gratitude à toi, Gary Douglas. Tu es brillant !

Dr Dain Heer

Dain a toujours soutenu mon travail avec *La bonne réparation pour toi* dès les débuts. Il m'a non seulement encouragée à donner des classes, mais il a également joué un rôle crucial pour me permettre de m'affirmer pour avoir et être plus de moi. Il semblait voir, dès ma première rencontre avec lui, des possibilités pour moi qui étaient au-delà de tout ce que j'aurais pu imaginer. Et il me fait rire ! Un immense merci à toi Dain pour ton soutien et ton sens de l'humour incroyablement spirituel et décalé. Tu illumines ce qui est stupide et insensé d'une façon qui permet à cela de changer avec aisance.

Dona Haber

Un grand merci à Dona, mon incroyable éditrice, pour ses idées inspirées et ses capacités d'édition, pour les interminables tasses de thé au gingembre et pour l'aisance avec laquelle elle m'a fait traverser le processus d'écriture de ce livre. Et pour les innombrables fous-rires et les bons moments passés ensemble sur un sujet considéré par certains comme lourd. Dona est une perle!

Simone Milasas

J'aimerais remercier Simone d'avoir soutenu activement *La bonne réparation pour toi* et de s'être décarcassée pour m'encourager de toutes les façons possibles. J'ai beaucoup de respect pour Simone — pour sa lucidité, sa sagesse et sa capacité à voir ce qui est et où les choses peuvent aller. Sa conscience des possibilités combinées à son pragmatisme et son approche «allons-y, faisons ça maintenant!» de la vie furent un immense cadeau.

Suzy Godsey et Charlie

J'aimerais remercier Suzy et son chien Charlie pour leur amitié et de m'avoir fourni un merveilleux endroit où séjourner pendant que j'écrivais ce livre à Santa Barbara et pour toute leur bonté. Chez Access, nous connaissons tous Suzy comme la personne la plus gentille du monde et j'ai pu constater que Charlie était le chien le plus gentil du monde. Merci à tous les deux d'avoir créé un si bel espace pour me reposer, me ressourcer et m'amuser.

Blossom Benedict

Blossom a toujours été prête à me poser des questions concernant *Right Recovery* et à partager avec moi ce qu'elle avait fait avec le programme *Right Voice for You*. Elle a une merveilleuse générosité d'esprit et est toujours prête à contribuer. J'apprécie aussi sa joie d'être et l'aisance qu'elle insuffle dans tout ce qu'elle fait. Blossom inspire toujours un sentiment de « Je veux ce qu'elle a » et j'ai utilisé cela pour me motiver à choisir plus. Merci Blossom !

Pam Houghteling, Donnielle Carter, Cynthia Torp et Stephen Outram

J'aimerais aussi remercier Pam, Donnielle, Cynthia et Stephen pour leur professionnalisme, acuité, créativité et générosité incroyables. Chacun de vous m'a assisté moi et *La bonne réparation pour toi* de façons merveilleuses et très utiles. Un grand merci à vous !

Joy Voeth

Joy Voeth, à la tête d'Access Publishing, est arrivée dans le projet peu après son démarrage. Sans son concours, il n'aurait peut-être jamais abouti ! Merci à toi Joy pour ton infinie patience, tes suggestions créatives, ton soutien indéfectible et ton génie !

CHAPITRE PREMIER

Mythes et mensonges au sujet des addictions

Tant que tu fonctionnes à partir de ce qu'on t'a dit à propos des addictions — et tous les mythes et mensonges qui vont de pair — tu ne pourras jamais choisir au-delà de cela.

Il y a tant de désinformation au sujet des addictions qu'elles sont, au mieux, un sujet très nébuleux. Accablées par les mensonges et la désinformation, de nombreuses personnes qui souhaitent sincèrement renoncer à leur comportement addictif ou compulsif souffrent inutilement l'échec et la déception simplement parce qu'elles ne disposent pas d'informations exactes ni d'outils efficaces. J'aimerais commencer par dissiper nombreux des mythes et mensonges les plus destructeurs qui touchent aux addictions.

Laisse-moi te poser une question. N'as-tu pas toujours su au fond de toi que nombreuses des choses que l'on t'a dites à propos des addictions n'étaient pas vraies ? N'as-tu pas toujours su qu'il devait y avoir des outils qui pourraient vraiment fonctionner — et qu'il y avait une façon d'aborder ton comportement addictif ou compulsif qui changerait tout et te permettrait d'y mettre fin pour de bon ?

Tu as raison. Ton savoir est correct. Et c'est pour cela que j'écris ce livre.

LES PARADIGMES

Nous agissons tous à partir de paradigmes dans notre vie. Un paradigme est un ensemble de suppositions, concepts, valeurs et pratiques qui constitue la perspective de la réalité d'une personne. Il façonne la façon dont la personne voit le monde. Les religions sont un exemple de paradigme. Le modèle standard de la physique est un paradigme. La médecine occidentale est un paradigme. Et il y a aussi le paradigme traditionnel du traitement des addictions dans notre société.

La plupart d'entre nous pensent agir à partir d'un endroit d'ouverture d'esprit, et c'est souvent vrai, dans une certaine mesure. Nous sommes ouverts d'esprit, nous voulons connaître la vérité, et nous sommes prêts à voir les faits et à considérer d'autres points de vue. Mais il y a parfois des endroits où nous ne voulons tout simplement pas aller. Il est des idées ou possibilités que nous ne voulons pas considérer parce que nous avons cru à un paradigme qui ne permet pas l'existence de ce concept.

Dans le monde antique, les gens croyaient que la Terre avait une forme plane ou circulaire. Tout le monde croyait en ce paradigme que la terre était plate. Les gens pensaient : « Bien sûr, je suis ouvert à de nouvelles idées, mais je ne tenterais jamais de naviguer autour du monde parce que le monde est plat et tout le monde sait que nous tomberions une fois arrivés au bord. » Le paradigme dictait ce qu'il était possible de croire ou pas — ce qu'il était possible de choisir ou pas.

Voici un élément important inhérent aux paradigmes — et ceci s'applique directement aux croyances conventionnelles concernant le traitement et la récupération des addictions. Si le paradigme en lequel tu crois n'est pas basé sur des informations qui sont vraies et exploitables, il t'est impossible de réussir. C'est ce que je vois se passer encore et encore avec des personnes dépendantes qui sont hautement intelligentes, étonnantes, merveilleuses. Elles se considèrent comme ratées parce que le paradigme qu'elles ont utilisé pour tenter de mettre fin à leur comportement addictif ou compulsif était basé sur des croyances ou suppositions qui n'étaient pas correctes. Elles ont accepté des mythes, idées et systèmes qui étaient défaillants, erronés et faux — et ces mythes et mensonges les ont empêchés d'avoir des résultats satisfaisants ou le succès en dépit de leurs efforts, aussi assidus eussent-ils été.

Savoir ce que tu sais

Avant de poursuivre, j'aimerais établir le fait que tu sais ce que tu sais — parce que ce savoir est un élément primordial pour te déverrouiller des addictions. Ce livre n'a pas pour but de t'apporter des réponses. Il ne te dira pas ce que tu dois faire et comment tu dois le faire. Le but de ce livre est de te rendre ton pouvoir en te donnant des outils efficaces et des informations correctes que tu peux utiliser pour effectuer des choix différents et changer les comportements que tu souhaites changer.

Chaque fois que je présente une information, j'aimerais que tu vérifies dans ton for intérieur si elle résonne en toi. Tu sais ce qui va fonctionner pour toi et ce qui ne fonctionnera pas. Tu sais ce qui est vrai pour toi. Tu réagiras peut-être par un « Au secours ! C'est impossible que je sache ce que je sais. J'ai essayé de faire ça, mais je me trompe toujours. »

Je comprends que tu puisses ressentir les choses ainsi, mais ce n'est pas tout à fait correct. Ce qui se trouve en travers de ton savoir, ce sont tous les mythes, les mensonges et la désinformation que tu as adoptés à propos des addictions, de qui tu es, et de quoi tu es capable et de ce qu'est ta relation à l'addiction, et de ce qu'elle n'est pas.

Alors, commençons par relever quelques mythes et mensonges en cours aujourd'hui au sujet des addictions.

Mais tout d'abord, j'aimerais prendre un moment pour que tu notes quatre à six choses qu'on t'a dites à propos des addictions. Cela t'aidera à mettre en lumière certains des paradigmes que tu as adoptés sans même t'en rendre compte.

Mensonge : dépendant un jour, dépendant toujours

Voici le premier mensonge : dépendant un jour, dépendant toujours. Si tu as un jour un trouble de l'alimentation, tu auras toujours un problème avec la nourriture. Si un jour tu as un problème d'alcool, si tu as un jour un problème de relations abusives, si tu as un jour la compulsion à sauver l'autre ou peu importe ce que c'est pour toi, tu auras toujours un problème avec cette chose.

C'est donc le premier mensonge. Il est possible pour toi d'aller au-delà de n'importe quel comportement addictif ou compulsif qui limite actuellement ta vie. Il est possible pour toi d'avoir la vie que tu as toujours su, rêvé, espéré possible. Est-ce que cela demandera du travail ? Oui. Et si ta cible est d'aller au-delà de ton comportement addictif ou compulsif, ce sera parfois inconfortable.

L'une des erreurs que beaucoup de gens font c'est de juger l'inconfort comme mauvais. On leur a fait croire qu'ils devaient viser le confort. Ce qui est parfait si tu veux conserver la vie que tu as toujours eue. Mais si tu veux quelque chose de plus, sache qu'être dans l'inconfort est souvent un signe que les choses doivent changer ou que tu casses de vieux schémas et paradigmes. L'inconfort est un indicateur de nouvelles possibilités et il peut être ton ami plutôt que quelque chose tu cherches à éviter.

Un autre mensonge lié à l'approche « dépendant un jour, dépendant toujours », c'est l'idée que tu doives t'identifier à ton comportement compulsif ou addictif. As-tu déjà entendu des gens dire des choses comme « Bonjour, je m'appelle Sally et je suis dépendante », « Bonjour, je m'appelle Bob et je suis fumeur » ou « Je m'appelle Susan et je suis alcoolique » ? Endosser ton addiction comme identité, c'est t'assurer de ne jamais la dépasser. Pourquoi ? Lorsque tu adoptes l'identité d'une personne dépendante, tu dois exercer ton comportement addictif ou compulsif — parce que c'est qui tu es. Par exemple, si tu t'identifies comme alcoolique, tu dois boire — parce que c'est ce qu'un alcoolique fait. Tu es quelqu'un qui boit de l'alcool.

S'il te plaît, cesse de t'identifier à ton addiction. Ne dis jamais « Je suis *ceci.* » Ce que tu peux dire à la place, tant que le comportement addictif ou compulsif est dominant dans ta vie, c'est « Je choisis actuellement d'exercer ce comportement ». Ton addiction, ce n'est que cela. Un comportement. Et tu choisis de l'exercer. Je comprends bien que pour l'instant, tu as peut-être l'impression de ne pas avoir le choix. Sache que tu peux changer ça aussi.

Moi aussi je m'identifiais comme dépendante. Plus tard, j'ai pris conscience que le fait de boire était simplement un comportement que je choisissais pour échapper à des choses dont je ne voulais pas avoir conscience. Je me souviens avoir été un jour à une réunion et au lieu de dire « Bonjour, je m'appelle Marilyn et je suis alcoolique », j'ai dit « Je m'appelle Marilyn et j'étais dépendante de l'anticonscience et de l'inconscience, mais je fais des choix différents maintenant ». Cela m'a apporté beaucoup de liberté.

Voici un outil qui te lancera sur la voie qui te permettra de voir ton comportement addictif ou compulsif comme quelque chose que tu choisis de faire plutôt que quelque chose que tu es. C'est un formidable premier pas, parce qu'il crée une distance entre *qui tu es* et *ce que tu fais.*

Outil : Là, maintenant, je choisis d'exercer ce comportement

Chaque fois que tu constates que tu vas exercer ce comportement que tu sais qui te limite, ne te dis pas « Oh non, me voilà à nouveau en train de le faire. Je suis _____ » en remplissant le blanc par ce que tu utilises pour te décrire en tant que dépendant, que soit *fumeur, buveur, toxico, joueur* ou quoi que ce soit d'autre.

Au lieu de cela, dis « OK, là maintenant, je choisis de fumer, de boire (ou ce que c'est pour toi). Je n'ai pas encore tous les outils ni toute l'information dont j'ai besoin pour faire des choix différents, mais je sais que je vais changer cela à un moment donné si c'est ce que je désire. » Et tu en seras capable.

Mensonge : l'addiction ne touche que les petites gens, et les populations sales et marginales

Un autre de ces grands mythes et mensonges concernant l'addiction n'est souvent pas exprimé directement. C'est l'idée plus ou moins implicite que l'addiction ne touche que les petites gens, les populations sales et marginales.

USAGE, ABUS ET ADDICTION

Tu peux prendre n'importe quelle substance ou activité, par exemple, l'alcool, et tu peux l'exercer ou ou en consommer dans l'idée « Oh, ce serait chouette de boire un verre de vin avec le dîner. » Tu choisis cela parce que tu es conscient que cela pourrait être agréable. Il n'y a pas de nécessité de boire.

Ou bien tu peux *abuser* d'une substance ou d'un comportement donné, et là, tu es conscient que tu choisis cela pour faire face à une situation que tu n'as pas envie d'affronter. Ce n'est pas compulsif, c'est juste : « Waouh, j'ai une dure journée ! Le prof de mon enfant a appelé parce qu'il a de nouveau eu des problèmes à l'école. Je sais que j'ai besoin de prendre le temps de parler avec lui, mais tu sais quoi ? Je vais manger une ou deux boules de crème glacée pour me calmer, parce que je ne peux pas gérer ça là maintenant, j'ai besoin d'une distraction. » L'un des éléments clés de ce type d'abus, c'est que tu utilises la substance ou exerces le comportement (en l'occurrence, la crème glacée) d'une façon qui n'est pas sa finalité première.

Ensuite, il y a une forme d'*abus*, qui est une transition entre l'abus et l'addiction. Disons que tu as des difficultés avec ta belle-mère et tu dois la voir. Tu te dis : « Je ne veux vraiment pas aller chez ma belle-mère. Je me demande ce que je pourrais faire à la place. Je crois que je vais me fumer un petit joint avant d'y aller. » Tu fais ça, puis tu penses : « Waouh, ça m'a bien aidé. » La prochaine fois que tu devras aller chez ta belle-mère, ou faire quelque chose d'autre que tu n'as pas envie de faire, tu vas te rappeler que d'avoir fumé ce joint t'avait aidé, alors tu le refais et au bout d'un temps, tu vas automatiquement à « Je crois que je vais d'abord fumer un joint. »

Voici un exemple de comment nous créons une compulsion ou une addiction. Nous commençons par utiliser la substance ou exercer le comportement — ce qu'on pourrait appeler en abuser — comme moyen de nous aider à gérer quelque chose que nous n'avons pas envie de gérer, et nous décidons que c'est la réponse pour gérer ce genre de choses. Et puis, nous laissons cela prendre le dessus et cela devient la seule façon de nous soulager dans ces cas précis. Plutôt que de nous faire confiance à être présent à la situation et à faire ce qui est requis, nous insufflons à cette substance ou ce comportement la capacité de gérer à notre place ce que nous avons décidé ne pas pouvoir gérer nous-mêmes.

Tu sais, ces gens qui vivent sous les ponts ou le toxico qui a pété un câble. Ce ne sont pas des gens que tu connais — et ce n'est certainement pas toi ni moi. Ce sont juste ces épaves.

L'une des conséquences de ce mensonge est que l'addiction devient tellement taboue, secrète et honteuse que personne n'est prêt à la voir en face. Il crée également une séparation entre toi et ces gens. C'est un univers où il y a nous et il y a eux. Tu dois choisir d'appartenir à un groupe ou à l'autre, et cela te coupe de la conscience de ce qui se passe chez toi et de ce qui serait possible. Si jamais il te venait l'idée que tu pourrais avoir un problème d'addiction, tu étoufferas vite cette pensée. Par exemple, tu pourrais te dire « Je me sens compulsif face à ce comportement, je ne sais pas quoi faire. » Mais tu n'es pas prêt à considérer ne fût-ce qu'un instant que tu pourrais être l'une de ces immondes personnes sales et dépendantes, alors tu sors directement cette pensée de ton esprit. Et cela t'empêche d'apporter quelque changement que ce soit.

Mensonge : l'addiction ne concerne que certaines substances et activités

La plupart des gens pensent que les addictions sont limitées aux choses du type alcool, drogues, cigarettes, nourriture, jeu et sexe. Il s'agit des addictions évidentes. Et si on te disait que l'addiction peut prendre de nombreuses formes dont tu n'as jamais imaginé qu'il pourrait s'agir d'addictions ? Par exemple, se juger, critiquer, le besoin d'avoir raison, te donner tort, tout comprendre, te sentir moins que, donner plus d'importance aux points de vue des autres qu'aux tiens, et le besoin d'avoir réponse à tout. Les addictions peuvent aussi se présenter dans les relations. Avec la nourriture et les troubles de l'alimentation, avec l'exercice physique, la façon de dépenser son argent ou d'utiliser Internet. Ce qui fait qu'une substance ou une activité devient une addiction n'est pas la substance ou l'activité elle-même — l'alcool, le tabac, la drogue ou le comportement — c'est *l'usage que l'on en fait.*

Un grand nombre de personnes ont des addictions, et ce, à travers toutes les couches de la population. Certaines addictions sont considérées comme mauvaises, horribles et nocives par la société dans son ensemble et certaines sont considérées comme positives, voire admirables. Si tu es accro au travail, que tu as une addiction au perfectionnisme, à avoir raison, ou avoir belle allure ou une addiction à faire beaucoup d'argent, tu seras probablement très soutenu par cette culture. Ce soutien peut être très agréable. Mais, je t'encourage à te poser deux questions ici :

- Est-ce que ce comportement — ce perfectionnisme, cette addiction au travail, ou peu importe ce que c'est pour toi — me rend de bons services ?
- Est-ce que ce comportement m'aide à créer la vie que j'aimerais vraiment avoir ?

Tu pourrais avoir un comportement addictif ou compulsif qui est bien vu par la société, ou pas. Tu as peut-être l'une des formes plus subtiles d'addiction. Tu vois tous les jours des gens qui ont ces addictions. Connais-tu des personnes accros aux drames et mélodrames ? Elles ne peuvent pas vivre leur vie sans créer de traumatismes et de drames pour elles-mêmes ou participer à ceux de quelqu'un d'autre. Qu'est-ce qui fait que cela devient une addiction ? C'est absolument compulsif. C'est ce à quoi ils recourent habituellement. Cela devient un paramètre par défaut dans leur vie. Peut-être as-tu un oncle ou un cousin, ou un ami qui ne peut s'empêcher de te juger. Il est accro au jugement. S'il n'est pas en train de juger, il ne sait pas comment se comporter. Les gens peuvent être accros à la lutte. Ils peuvent même avoir une addiction à être malades ou à être victimes.

Mais pourquoi une culture encouragerait-elle ou favoriserait-elle un comportement addictif ou compulsif? Parce que cela te rend contrôlable et prédictible. Tous les comportements addictifs éliminent ton pouvoir de choisir. Consciemment ou inconsciemment, tu renonces à être le créateur de ta vie et tu deviens l'effet d'un menu limité de choix.

Mensonge : le mieux que tu puisses espérer, c'est de gérer les symptômes de l'addiction

Un autre mensonge est que le mieux que tu puisses espérer, c'est de gérer les symptômes de ton addiction. C'est ce que font les programmes traditionnels. Ils te disent que tu vas devoir travailler très dur pour le restant de tes jours pour gérer les symptômes de ton addiction. — parce que tu es dépendant et tu le seras toujours. Et si ce mensonge était perpétué parce que les gens n'ont pas l'information dont ils ont besoin pour les aider à aller au cœur de ce qui crée vraiment l'addiction ?

L'approche de *La bonne réparation pour toi* consiste à t'aider à aller à la cause racine de ce qui a créé ton comportement addictif ou compulsif au départ, pour que tu puisses t'en débarrasser définitivement et pas juste gérer les symptômes. S'il te plaît, ne gobe pas l'idée que le mieux que tu puisses espérer, c'est de gérer les symptômes.

Gérer les symptômes de ton addiction, c'est comme avoir un pneu crevé et qu'on te donne un kit de réparation qui ne tiendra que trois heures. Tu as un long voyage à faire, et toutes les trois heures, tu dois sortir réparer ton pneu. Et cela devient ton obsession. « Deux heures et cinquante minutes sont passées. Je dois sortir réparer le pneu. » Quand tu gobes le mensonge que le mieux que tu puisses espérer, c'est de gérer les symptômes, tu te trouves face à une vie entière de réparations et de crevaisons. Tu peux faire beaucoup mieux que ça !

L'une des contre-vérités nées de la croyance que le mieux que tu puisses espérer, c'est de gérer tes symptômes, c'est l'idée que la récupération signifie l'arrêt total du comportement addictif ou compulsif. L'approche de *La bonne réparation pour toi* n'impose pas aux personnes un objectif prédéterminé. Je travaille avec les clients pour déterminer une cible qui soit juste pour eux — une cible qu'ils choisissent eux-mêmes. Voilà la mesure de notre succès. Pour beaucoup de gens, le « succès » peut vouloir signifier ne jamais plus exercer un comportement addictif ou compulsif, mais pour d'autres, il peut s'agir d'être capable de boire un ou deux verres ou fumer une cigarette de temps en temps.

RÉSULTATS DES PROGRAMMES DE TRAITEMENT TRADITIONNELS

L'approche traditionnelle de gestion des addictions est souvent promue par les médecins, thérapeutes, conseillers ou le système judiciaire. T'es-tu jamais demandé quelle était l'efficacité réelle de cette approche ?

J'ai constaté que pour beaucoup de gens, c'est souvent peu fructueux. Si tu as envie de connaître les taux de succès effectifs des programmes de traitement traditionnels, je t'encourage à effectuer une recherche sur Internet. Google est un bon outil. J'ai découvert que le taux de succès varie entre cinq et douze ou treize pour cent. Et ce qui est rarement pris en compte ou étudié, c'est le nombre de personnes qui choisissent de laisser tomber leur addiction de manière non traditionnelle.

Si tu étais malade, est-ce que tu accepterais aveuglément le traitement d'un médecin ou un programme qui a un taux de succès variant entre cinq et treize pour cent ?

Mensonge : tu es faible, égoïste, malhonnête, immoral, coupable, mauvais, criminel et contraire à l'éthique parce que tu as cette addiction

En d'autres termes, si tu as une addiction qui n'est pas socialement acceptée, tu es très très en tort. Le modèle de traitement de l'addiction le plus populaire te demande de te juger au quotidien pour voir si ton comportement a été égoïste, égocentrique, malhonnête ou basé sur la peur. On te demande continuellement de regarder où est ton tort.

J'ai constaté que beaucoup de personnes qui ont des comportements addictifs et compulsifs sont loin d'être égoïstes. Certaines d'entre elles sont les personnes les plus attentionnées et bienveillantes qui soient. Beaucoup d'entre elles préfèrent prendre le poison de la vie plutôt que de le laisser empoisonner la vie de quelqu'un d'autre. C'est peut-être vrai pour toi. Si c'est le cas, s'il te plaît, reconnais cette vérité à ton sujet. Ne gobe pas le mensonge que tu as tort, que tu es mauvais et faible et que tu as perpétré ces horribles choses sur les gens qui t'entourent. Chaque personne de l'entourage de la personne « dépendante » joue un rôle dans tous les drames de l'addiction et elle aussi a le choix.

Il y a bien des années, je travaillais comme psychothérapeute dans un hôpital psychiatrique. L'un des concepts que nous utilisions pour traiter les gens était le principe du « patient identifié ». Les gens venaient à l'hôpital et on nous disait qu'ils avaient une dépression ou qu'ils étaient alcooliques ou qu'ils avaient telle ou telle maladie. La famille de la personne était là et disait : « Oh oui, Johnny a ce problème. Il nous cause beaucoup de souci et de souffrance à tous. Il a causé tant de problèmes. Oui oui. »

Nous pensions alors systématiquement : « OK, Johnny est le patient identifié. Je me demande ce qui se passe *réellement* là ? Je me demande qui a réellement un problème ? » et en travaillant avec la famille, nous constations souvent que tout le monde donnait tort à Johnny, le pointant du doigt, alors que Johnny n'était pas le réel problème. Quand nous plongions plus en profondeur dans la dynamique familiale, nous découvrions que le comportement addictif de Johnny permettait au système familial de se maintenir. Si Johnny renonçait à être celui qui est en tort, le mauvais, devine quoi ? Tout le monde devrait regarder à son *propre* comportement et dans la plupart des familles avec lesquelles nous avons travaillé, personne n'était prêt à cela. C'est pour cela qu'ils avaient créé leur Johnny comme le patient identifié.

J'ai travaillé un jour avec une jeune femme dont la famille s'était accordée pour dire qu'elle avait un problème d'alcool et ils la voyaient comme quelqu'un de faible, égoïste et immoral parce qu'elle avait cette addiction. Après avoir travaillé ensemble pendant un temps, elle m'a révélé qu'elle avait été abusée sexuellement sur une longue période de temps par un oncle qui était très proche de la famille. J'ai réalisé que la famille était, à des degrés divers, consciente de cet abus, mais personne ne voulait mettre cela sur la table. Personne ne voulait aborder le fait que cet oncle avait fait — et faisait encore — des avances inappropriées à cette jeune femme. Alors, au lieu de gérer cela, la famille fait en sorte que ce soit elle qui ait un problème à cause de la boisson. Une fois que ma cliente a réalisé la vérité là-dedans, elle a pu commencer à changer les choses et elle a finalement pu cesser de boire, ce qui était sa cible.

Beaucoup de gens découvrent que leur addiction leur a permis de survivre à des situations d'abus jusqu'à ce qu'ils puissent obtenir de l'aide. J'ai récemment travaillé avec une femme qui avait eu un passé très abusif. Elle se jugeait durement parce qu'elle mangeait de grandes quantités de nourriture tous les soirs. Quand je lui ai demandé quelle était la contribution que cette nourriture avait été pour elle, sa réponse a été immédiate. Elle disait que manger était une chose horrible, mauvaise et terrible et que cela avait l'avait rendu grosse et non désirable.

Je lui ai demandé : « Si tu n'avais pas eu toute cette nourriture, si tu ne t'étais pas *sur*-alimentée, comment aurait été ta vie aujourd'hui ? Elle a éclaté en sanglots et m'a dit : « Si je n'avais pas eu la nourriture pour m'en sortir avec l'abus, je me serais probablement suicidée à l'heure qu'il est. » Une fois qu'elle a pu voir que sa *sur*-alimentation avait été le meilleur moyen pour elle à ce moment-là de vivre avec l'abus, elle a commencé à apporter des changements qui l'ont menée à une relation différente à la nourriture et son corps.

J'ai travaillé avec une autre personne qui disait que sa consommation de drogue l'avait aidée à ne pas se tuer ou tuer quelqu'un d'autre jusqu'à ce qu'elle puisse se trouver dans un environnement où il était possible d'obtenir de l'aide. Alors, s'il te plaît, ne juge pas ton comportement addictif. À la place, tu pourrais te poser des questions comme : « Est-ce que mon comportement addictif était la meilleure stratégie d'adaptation que j'aie eue jusqu'à présent ? », « Et suis-je prêt maintenant à apporter de réels changements ? »

L'un des aspects les plus déplorables et délétères du mensonge que tu as tort, que tu es mauvais et faible, c'est que cela fait le jeu d'une addiction primaire développée il y a très, très longtemps. Ce que je dis ici, c'est que l'objet actuel de ton addiction a été précédé par une addiction primaire : l'addiction à te juger, pour être en tort, et te sentir accablé par les insanités que tu vois dans cette réalité. Tu es lié à l'objet actuel de ton addiction par la douleur de croire que tu es en tort, et tu dois te juger.

L'addiction primaire qui consiste à te juger toi-même et à avoir tort est abordée abondamment au chapitre trois. Je voulais déjà en parler ici, parce que le mensonge que tu es faible, égoïste, malhonnête — ou n'importe quel autre jugement — contribue à la difficulté constante à mettre fin à tout comportement addictif ou compulsif.

Mensonge : tout le monde dans ta vie souhaite vraiment que tu mettes fin à ton comportement addictif ou compulsif

L'un des plus gros mensonges qui circulent est que tout le monde dans ta vie souhaite vraiment que tu mettes fin à ton comportement addictif ou compulsif. En réalité, beaucoup ne souhaitent pas cela. Parce qu'ils ont l'habitude que tu sois en position d'infériorité. Ils ont l'habitude que tu sois la personne qui est moins que rien et même si tu caches ton comportement addictif, ils perçoivent que tu te juges comme étant en tort. Certains sont en fait heureux que tu aies une addiction, même si c'est principalement inconscient. Cela semble cruel et ce n'est pas dans ce but que je le dis ; c'est simplement quelque chose que j'ai vu à maintes reprises. Si tu t'es identifié comme la personne qui a un problème, alors tes proches n'ont pas besoin d'examiner leur propre comportement.

Il y a un autre concept qui était utilisé dans l'hôpital psychiatrique où je travaillais. On appelait ça le « change-back » et je l'ai souvent observé quand je travaillais avec des personnes qui avaient des addictions. À mesure que la personne s'écarte de son comportement addictif ou compulsif et qu'elle fait le choix de se montrer telle qu'elle est vraiment, la famille ou le partenaire commence à réagir de façon étrange. Peut-être ont-ils dit pendant des années : « On veut juste que Mary aille mieux. » Mais dès que Mary commence à s'écarter de son comportement addictif et ne peut plus être cataloguée comme celle qui est en tort ou mauvaise et que tout le monde doit décrier, aider ou lui consacrer du temps et de l'énergie, la famille trouve des moyens subtils ou moins subtils d'encourager Mary à retourner à son comportement addictif ou compulsif. Pourquoi ? Parce qu'ils ne veulent pas vraiment qu'elle change.

J'ai moi-même expérimenté cela. Mon premier mari exprimait souvent son inquiétude par rapport au fait que je buvais trop. Il me disait souvent que j'avais besoin d'aide et expliquait en quoi mon comportement était nuisible à notre mariage.

Après un temps, j'ai commencé à le croire et j'ai commencé à faire des efforts pour boire moins. J'ai remarqué deux choses : premièrement, je réussissais modérément à boire moins, mais pas aussi bien que ce que j'avais espéré ; et deuxièmement, moins je buvais, plus il disait des choses comme : « Je vois que tu es vraiment stressée (je travaillais pour son bureau), pourquoi ne rentres-tu pas à la maison maintenant ouvrir une bouteille de champagne ? ». C'était très perturbant ! Il m'a fallu un temps pour voir qu'il avait en fait besoin que je sois dépendante de l'alcool. Il était conscient, à un certain niveau, qu'une fois que j'embrasserais plus de moi-même, dès que j'aurais un bref aperçu de ce dont je pourrais être capable, je ne me satisferais plus de notre petite vie et de ma position « d'infériorité ». Il avait raison !

Si tu as une ou deux personnes dans ta vie qui souhaitent sincèrement te redonner ton propre pouvoir — et c'est de ça qu'il devrait s'agir — estime-toi heureux et reçois ce qu'ils te donnent. Et sache aussi qu'il y a peut-être des gens qui ont l'air de vouloir prendre soin de toi et qui disent qu'ils aimeraient que tu mettes fin à ton comportement addictif ou compulsif et qui pourtant préféreraient que tu ne viennes pas déranger l'ordre établi.

Je mentionne ce mensonge, non pas pour te décourager, mais pour que tu en prennes bien conscience. Le fait que tu commences à embrasser plus de toi-même pourrait mettre tes proches mal à l'aise. Tout est interconnecté. Ainsi, quand un élément du système change (toi en l'occurrence), le reste du système (eux) doit changer et s'adapter. Ils ne le désirent peut-être pas et ils pourront peut-être te l'exprimer énergétiquement : « Attends une minute, tu viens de sortir de ta boîte. Quand tu es dans cette boîte, je sais qui tu es, je peux te contrôler, tu es prédictible. Je peux être tranquille que tu ne vas pas te révéler être quelqu'un d'autre. »

Veux-tu vraiment rester dans ta boîte ? Ou bien préfèrerais-tu quelque chose de plus grand pour ta vie? Quelque chose me dit que tu ne serais pas en train de lire ce livre si tu ne désirais pas effectivement quelque chose de plus grand.

Mensonge : tu es impuissant face à ton addiction

Ce mensonge provient de l'expérience de nombreuses personnes qui tentent de ne pas exercer le comportement addictif de leur choix — de ne pas boire ce verre, de ne pas fumer cette cigarette ou de vivre avec encore un homme ou une femme abusifs. À la surface, cela semble faire sens, mais considérons les choses d'un point de vue différent.

Si je suis directement en face d'un mur de briques et que je veux absolument passer à travers, mais que je n'ai aucun outil, je vais me sentir impuissante. Je vais penser : « Au secours, il n'y a pas moyen de passer à travers ! »

Maintenant, suppose que quelqu'un arrive et m'offre des informations et dise : « Hé, Marilyn, et si tu reculais du mur ? Qu'est-ce que tu vois ? »

En reculant, je peux voir que le mur ne mesure qu'un mètre cinquante de long et que je peux le contourner, ou bien je vois qu'il ne fait que deux mètres de haut et quelqu'un m'a donné une échelle pour passer par-dessus. En fait, je ne suis pas du tout impuissante, c'est juste que je n'avais pas de véritable perspective sur la situation ou les outils qui aillent de pair.

Il en va de même pour n'importe quel comportement addictif ou compulsif. Tu as peut-être l'impression d'être impuissant dans l'instant, mais à mesure que tu changes de perspective et que tu commences à utiliser les outils et les informations contenus dans ce livre, tu constateras que le comportement addictif n'est pas ce que tu pensais qu'il était, ni qu'il est aussi impressionnant que ce l'on t'a fait croire qu'il était.

La grande difficulté quand tu gobes le mensonge que tu es impuissant face à ton addiction, c'est que cela te met dans une position où tu es *l'effet* de ta vie, plutôt que le créateur de ta vie. Cela te prive de ton pouvoir. Ce mensonge te met dans une position où tu as besoin d'un expert, d'un dogme, d'une réponse ou d'un programme qui te soit imposé pour que tu aies une possibilité de gérer ton comportement addictif ou compulsif.

Tu pourrais te poser ces questions :

- Si j'ai gobé le mensonge que j'étais impuissant face à mon comportement addictif ou compulsif, où ai-je encore gobé le mensonge de l'impuissance ailleurs dans ma vie ?
- Suis-je réellement impuissant, ou bien est-ce que je manque simplement d'informations et d'outils gérables et efficaces ?

T'es-tu souvent retrouvé avec le énième « bon » programme, livre ou expert qui aurait *la* réponse à toutes les choses te concernant toi et ta vie que tu as décidé que tu étais impuissant à changer ? Et si tu pouvais choisir à partir d'un ensemble d'outils et d'informations qui te permettrait de changer n'importe quelle partie de ta vie que tu souhaites changer ? Et si tu pouvais personnaliser le matériel pour toi, plutôt que de gober aveuglément le dogme de quelqu'un d'autre ? Sois très vigilant chaque fois que tu décides que tu es impuissant face à quoi que ce soit. Si tu te surprends à faire cela, pose-toi les questions ci-dessus.

L'idée que tu es impuissant face à ton addiction mène au mensonge suivant.

Mensonge : seul quelque chose ou quelqu'un d'extérieur à toi peut mettre fin à ton addiction

Pourquoi avons-nous tendance à chercher des réponses à l'extérieur de nous-mêmes ? Et bien, n'est-ce pas ce que l'on nous a appris toute notre vie ? On doit faire ce que papa et maman disent parce qu'ils « savent mieux que toi ». Nous devons croire tout ce que nos professeurs, leaders religieux, médecins, politiciens et aînés disent parce qu'ils sont experts et il est impossible que nous en sachions plus qu'eux. Voilà où commence le mensonge que nous dépendons de quelqu'un ou quelque chose d'extérieur à nous pour mettre fin à une addiction. En vérité, ce n'est pas que tu n'as pas le pouvoir de le faire, c'est que personne ne t'a jamais aidé à le développer.

Voici ce qui se passe : si tu gobes un mensonge et que tu essaies d'en faire une vérité, non seulement tu es voué à l'échec, mais tu crées aussi une anxiété dans ta vie parce qu'une part de toi sait indiciblement que c'est un mensonge. C'est comme perdre une clé et savoir au fond de toi qu'elle est quelque part dans la maison, mais les experts te disent que les gens perdent toujours leur clé en dehors de chez eux. Alors, que fais-tu ? Tu passes tout ton temps à la chercher dans ta pelouse — même si tu sais que tu l'as laissée à un endroit inhabituel à l'intérieur de la maison.

N'as-tu pas toujours su que même si tu ne sentais pas que tu pouvais faire confiance à ton savoir, c'était toi qui avais les réponses dont tu as besoin ? Tu en sais plus sur toi-même que quiconque au monde. Et si tu commençais à faire confiance à ton savoir maintenant ?

Tu vas peut-être dire : « Je ne peux pas faire confiance à mon savoir. Je me suis trompé toute ma vie. » En fait, il fut un temps où tu t'autorisais à savoir ce que tu savais. Quand tu étais tout petit enfant, tu savais de quoi tu avais besoin. Tu pleurais quand tu avais besoin de nourriture, quand tu voulais être pris dans les bras, ou quand ton lange devait être changé. La difficulté en grandissant était que tu n'as pas été reconnu. Tes besoins ont été amoindris ou on t'a fait sentir que ton savoir était faux et tu as décidé que tu ne pouvais pas savoir ce que tu sais. Tu peux retrouver cette capacité. Il te faudra peut-être un peu de pratique, mais à mesure que tu vas faire confiance au fait que tu sais ce que tu sais, tu seras de plus en plus à l'aise avec cette conscience.

Mensonge : l'addiction est une maladie

Penchons-nous sur un autre mensonge concernant l'addiction : le mensonge que l'addiction est une maladie. Est-ce une maladie ? L'addiction est-elle une maladie comme le cancer ou la malaria ?

Est-ce que l'affirmation que l'addiction est une maladie t'a toujours paru insensée ? Quand j'ai entendu ça la première fois, je me suis demandé comment on pouvait aboutir à cette conclusion. Puis, j'ai réalisé qu'une grande partie de la culture médicale et thérapeutique est investie dans le fait que l'addiction est une maladie. En somme, la plupart des traitements de l'addiction sont financés par les États, les gouvernements locaux et les assureurs publics et privés à coups de milliards de dollars par an. Si l'addiction n'était pas considérée comme une maladie, ces groupes ne paieraient pas pour des programmes de traitements médicamenteux individuels, des programmes de rétablissement ambulatoires ou des séjours en hôpital. L'addiction devait être une maladie pour que tout le monde dans ce business puisse engranger des tonnes d'argent. Je n'essaie pas ici de donner tort à ces gens. Ce sont probablement des personnes généreuses et attentionnées qui doivent gagner leur vie. Ainsi, consciemment ou inconsciemment, elles s'accordent à l'idée que l'addiction est une maladie.

Mais l'addiction n'est *pas* une maladie. Tu n'es *pas* malade. L'addiction est une tendance profonde bien enracinée d'évitement et/ou de fuite d'une vie qui semble être trop accablante, déroutante et douloureuse. C'est un endroit où les gens vont pour ne pas exister, pour ne pas subir la douleur du jugement de soi et éviter le sentiment d'être fondamentalement dans l'erreur.

Si tu vois l'addiction ainsi, tu comprendras que tu as la liberté de la changer. Tu seras en mesure de comprendre comment tu as créé ton addiction à l'origine et comment tu t'es retrouvé dans cette situation déconcertante qui semble ne laisser aucun choix.

L'une des choses qui me restent en travers de la gorge quand je vois qu'on traite l'addiction de maladie, c'est que cela place toute personne qui a une addiction en position de victime – parce que selon notre culture, si tu es malade, tu ne peux pas y faire grand-chose, voire rien du tout. C'est quelque chose qui t'arrive. Et alors, tu dois aller voir un expert — le médecin — qui va te « soigner ». Dans les grandes lignes, ce que dit le modèle c'est : « Tu ne sais pas ce que tu fais. Tu dois venir nous voir, nous les experts et nous te donnerons la réponse. »

Le seul expert de toi, c'est toi. Tu es l'expert de toi-même. Est-ce que ça veut dire que tu n'écoutes personne d'autre ? Non. Il te manque peut-être des informations. Par exemple, quand j'ai des difficultés avec un ordinateur, je vais trouver un expert en informatique. Pourquoi ? Pas parce que j'ai besoin que quelqu'un dirige ma vie, mais parce qu'un expert informatique a des informations et peut me montrer des outils qui m'aideront à utiliser mon ordinateur. Je cherche quelqu'un qui n'essaie pas de me l'imposer ou de me montrer à quel point je me trompe. Je cherche quelqu'un qui dise : « Hé, j'ai toute une série d'informations et d'outils dans ce domaine. Je peux te montrer ce que j'ai comme ça, tu pourras utiliser ce qui fonctionne pour toi. »

C'est pour ça que j'ai écrit de *La bonne réparation pour toi.* J'aimerais tant te voir retrouver ton pouvoir pour que tu puisses changer tout ce que tu veux dans ta vie — y compris tout comportement addictif ou compulsif qui t'arrête, te limite ou t'empêche d'être le véritable cadeau que tu es.

Ce que tu peux faire quand tu as envie d'exercer ton comportement addictif ou compulsif

Fais une pause, et pose-toi quelques questions

Quand tu vois que tu as terriblement envie d'exercer ton comportement addictif ou compulsif, voici quelques questions que tu peux te poser. Il pourrait être utile de noter tes réponses.

- Que s'est-il passé juste avant que j'aie envie d'exercer mon comportement addictif ou compulsif?
- Quelle a été ma réaction à cet événement ? (Par exemple : mon mari/ma femme m'a traité(e) d'idiot et je suis allé dans le tort de moi.)
- Quelles pensées ai-je eues ?
- Quels sentiments ai-je ressentis ?

- De quoi étais-je conscient dont je ne voulais pas être conscient ? (Par exemple que j'ai repris mon vieux schéma ; que je rendais l'opinion de mon mari/ma femme plus grand que ce que je sais qui est vrai à mon sujet.)
- Quelle action aurais-je pu entreprendre qui aurait pu interrompre ce comportement ?

Quand tu t'arrêtes pour écrire tes réponses, tu interromps le comportement, et c'est ce que ces premiers outils ont pour objet.

Reporte le comportement

Pour interrompre le comportement, tu peux aussi le reporter, ne fût-ce que de vingt minutes. Dis-toi : « Je vais me donner la permission d'exercer mon comportement addictif ou compulsif, mais d'abord, je vais prendre une pause de vingt minutes. Si je désire encore le faire après vingt minutes, je le ferai. »

Si tu choisis d'exercer le comportement après vingt minutes, offre-toi le cadeau de ne pas te juger.

Quand tu reportes le comportement de vingt minutes, tu vois qu'en fait tu as un quand même un peu de choix. Tu peux choisir soit d'exercer le comportement — ou pas. Au début, tu n'auras peut-être pas le sentiment d'avoir tout à fait le choix, mais j'aimerais que tu comprennes que tu as un peu de choix — sinon, tu ne pourrais pas du tout reporter le comportement.

Pose plus de questions

Assieds-toi et dis-toi : « OK, je vais peut-être exercer mon comportement dans vingt minutes, mais avant ça, je vais me poser quelques questions et noter les réponses. »

- Qu'est-ce que j'ai décidé qui se passerait si je n'exerçais pas ce comportement ?
- Est-ce que j'ai donné plus de pouvoir aux conséquences de ne pas exercer ce comportement qu'à moi-même ?
- Sur une échelle de 1 à 10, quel est le niveau de stress à l'idée de ne pas exercer ce comportement ?
- Pourrais-je vraiment tolérer les conséquences de ne pas exercer ce comportement avec plus d'aisance que ce que j'imagine ?
- Quelle conscience est-ce que j'évite ici en exerçant ce comportement ?
- Comment ça serait si j'étais prêt à avoir cette conscience ?
- Si je n'avais aucun historique avec ce comportement, comment est-ce que je me positionnerais par rapport à lui ?
- Combien de ce que je fais par ce comportement addictif ou compulsif concerne le passé et tout ce que j'ai décidé que le passé était ou n'était pas ?

Le passé n'a pas à dicter ta vie aujourd'hui. Tu peux choisir quelque chose de différent.

Si tu choisis d'exercer ton comportement addictif ou compulsif, fais-le en conscience

Autorise-toi à devenir conscient à chaque bouffée de cigarette, à chaque bouchée de gâteau ou gorgée d'alcool. Demande-toi : « OK, j'ai fait ça. Est-ce que j'en veux vraiment plus ? » Prendre conscience du comportement que tu choisis d'exercer crée un espace où le comportement devient moins compulsif pour toi.

Ces questions et exercices sont de simples suggestions. Choisis ceux qui fonctionnent pour toi. Ils t'aideront à devenir plus conscient de ce qui se passe avec ton comportement addictif.

Rappelle-toi de noter tes réponses aux questions. Tu obtiendras beaucoup d'informations chaque fois que tu le feras. Et tu commenceras à voir que tu as un peu de choix et que tu peux (en tout cas dans une certaine mesure dans ta réparation) te séparer de ton comportement addictif ou compulsif, ce qui te permettra de le voir avec une perspective différente.

CHAPITRE DEUX

L'antidote à l'addiction

Plus tu t'as toi, plus tu embrasses qui tu es vraiment, moins les comportements addictifs et compulsifs peuvent exister.

Une addiction est comme un poison pour ton être dans le sens où chaque fois que tu l'exerces, cela amoindrit ou nie ta capacité à être présent, spontané, joyeux et productif; en d'autres termes, il amoindrit ou nie ta capacité à être qui tu es vraiment.

Beaucoup de gens ont gobé l'idée que l'antidote à l'addiction consiste à rechercher à l'extérieur de soi un remède, une réponse ou un programme universel. Ou bien, ils pourraient croire qu'il s'agit de se battre contre l'addiction, de se juger comme étant mauvais de l'exercer ou tenter de contrôler leur comportement. Mais il ne s'agit pas de cela. L'antidote à l'addiction est plus fondamental et puissant que toutes ces choses. Il s'agit de revendiquer toutes les parties de toi que tu as désavouées, laissé tomber ou réprimées. Toi, être toi est le véritable antidote à l'addiction. Cela ne veut pas dire que tu n'auras peut-être pas besoin d'assistance au départ dans le processus de réparation, de découverte et création de toi. Ce que cela signifie, c'est qu'en fin de compte, tu peux avoir et être tout ce qui sera requis pour être à un endroit où tu auras le choix avec ton comportement addictif ou compulsif.

Faisons une analogie avec ton corps. Disons que tu as un accident et tes deux bras et tes deux jambes sont cassés. Et disons que pour une raison étrange, tu t'es cassé les bras et les jambes exprès — peut-être parce que cela te rendait moins puissant et que ça te permettrait de mieux rentrer dans le moule. Si tu créais cette situation, tu aurais besoin d'aide pendant un temps. Mais au bout du compte, tu n'aurais plus besoin d'aide parce que tu serais guéri et tu aurais restauré ton propre pouvoir. Tu dirais à ton aide : « Bye bye, je n'ai plus besoin de toi, sayonara, à plus tard » et tu serais à nouveau le capitaine de ton propre navire.

Si par ailleurs tu décidais que tu avais tellement tort et que tu étais tellement faible que tu devrais vivre pour le restant de tes jours avec les bras et les jambes cassés, tu aurais besoin d'aide extérieure en permanence. Tu ne restaurerais jamais le pouvoir et la puissance que tu es vraiment — parce que tu aurais gobé le mensonge que tes bras et jambes cassés et toutes les façons dont tu t'es handicapé sont permanents. Tu aurais toujours besoin d'un sentiment de pouvoir extérieur. Tu pourrais même avoir décidé que c'est ainsi que les choses sont censées être.

Cet exemple a des implications énormes par rapport à l'addiction, parce que la vérité est que tu t'es handicapé toi-même. Si tu as un comportement addictif ou compulsif, tu t'es handicapé toi-même en niant tes talents et capacités et en réduisant ton pouvoir ou en te coupant de toutes les parties de toi qui ont été estimées comme inacceptables par tes parents, des membres de ta famille, des enseignants ou d'autres figures d'autorité dans ta vie.

Nous naissons tous avec des tempéraments et capacités différents, mais si ta famille et les gens qui t'entourent n'ont pas donné de valeur à ces qualités, tu as peut-être eu l'impression de devoir les éteindre pour pouvoir être acceptable. Peut-être étais-tu curieux et futé et tu as posé beaucoup de questions, mais ta famille n'a pas donné de valeur au fait d'être futé. Tes questions mettaient les gens mal à l'aise, alors tu as éteint cette partie de toi.

Tu étais peut-être particulièrement athlétique ou très actif. Tu parvenais à faire six ou sept choses en même temps et tu adorais ça, mais les gens te disaient que tu avais trop d'énergie et que tu devais te calmer et te contrôler. Ou peut-être, étais-tu très artistique ou non-conventionnel et ce n'était pas ainsi que tu étais supposé être dans ta famille. On attendait de toi que tu te poses et que tu aies un boulot bien payé ou de reprendre l'affaire familiale, alors tu as mis tes capacités ou de merveilleuses et folles idées de côté et tu les as oubliées.

Ou bien tu étais sensible et conscient et on t'a dit « Tu es trop sensible. » Tu captais les choses dont personne ne voulait parler. Tu disais : « Maman, Oncle Billy est bizarre » et on te disait : « Il est de la famille. Tu ne peux pas dire des choses pareilles. » Ou bien quelqu'un a été méchant avec toi, mais si tu disais quoi que ce soit, on te répondait : « Tu es un pleurnicheur. » Tu as eu l'impression que personne ne voulait t'écouter et alors tu t'es tu.

Beaucoup d'enfants ressentent le besoin de s'amoindrir parce qu'on leur a dit qu'ils devaient d'abord penser aux autres. Je parlais avec un ami qui me disait que quand il était enfant, la première chose qu'il faisait en s'éveillant le matin, c'était d'essayer de savoir ce dont son père et sa mère avaient besoin, ce dont sa grand-mère avait besoin et ce dont son instituteur avait besoin. Il se mettait toujours très bas dans la liste et il arrivait rarement à ses propres besoins. Est-ce que cela était vrai pour toi ? S'attendait-on à ce que tu places les besoins de tout le monde avant les tiens ? C'était une autre manière de te diminuer parce que personne ne reconnaissait que tu avais le droit à tes propres besoins et désirs. Et plus encore, parce que tu as appris à ne pas exprimer tes propres besoins ; tu n'es peut-être même pas en contact avec ce qu'ils sont en réalité, au point où il devient plus facile de comprendre les besoins de tout le monde plutôt que d'être conscient de ce que toi tu requiers.

Le processus d'amoindrissement de soi

Si tu as eu des expériences similaires à celles-ci, tu as peut-être conclu que qui tu étais était inacceptable et tu as peut-être éteint toute ta belle exubérance et ta joie, ton intelligence, tes talents, tes intérêts et inclinations. J'appelle cela se couper en petits morceaux et ce processus commence très tôt dans la vie.

Vois-tu comment le fait d'éteindre tes capacités innées et tes intérêts et d'ignorer tes besoins fait de toi la personne qui a les bras et les jambes coupés ? Sauf que dans ce cas-ci, tu ne sais peut-être même pas qu'il y a des parts de toi qui sont parties. Tu en as peut-être un vague souvenir, mais tu ne réalises pas que tu ne fonctionnes qu'à dix ou vingt pour cent de qui tu es vraiment. Ce qui est magnifique, c'est que je te parie que tu fonctionnes probablement bien avec ces dix ou vingt pour cent. Imagine un instant à quel point tu fonctionnerais bien si tu étais ne fût-ce qu'à cinquante pour cent de toi. Et à soixante-dix ? Serais-tu prêt à avoir ça ? Serais-tu prêt à avoir cent pour cent de toi ? Plus tu embrasses qui tu es, moins l'addiction est pertinente.

Tu es l'antidote à l'addiction, parce que quand tu es prêt à t'avoir totalement, tu n'as pas besoin de te battre contre ton addiction ; elle s'éteint simplement. Il n'y a plus de raison de l'avoir ou comme le disait l'un de mes clients : « Tu sais, Marilyn, je n'ai pas pensé à prendre de la drogue depuis des semaines. Je m'amuse tellement avec moi-même à nouveau, que j'ai tout simplement oublié. »

C'est ce que j'aimerais pour toi. J'aimerais que tu puisses te récupérer et que tu te sentes si puissant dans ton être que tu en oublies tout simplement ton comportement addictif ou compulsif. J'aimerais que tu saches qu'en étant simplement toi, ton addiction peut perdre toute sa pertinence. Il n'y aura aucune raison d'en parler — si tu es présent, si tu es prêt à être conscient, si tu es prêt à vivre la vie que tu désires au lieu de la vie qu'on t'a dit qui était appropriée pour toi.

« Cela paraît tout simplement impossible. »

À ce stade, tu te dis peut-être « Cela paraît tout simplement impossible » ou bien tu te dis : « Marilyn, tu parles de paradigmes, de programmes de traitement traditionnels, de moi devenant plus moi et sachant ce que je sais. C'est super tout ça, mais qu'en est-il de mon addiction ? Je me sens un peu paniqué comme si je devais me battre de front là maintenant, sinon, rien ne changera jamais pour moi. »

Beaucoup de clients m'ont dit cela. J'aimerais te demander de regarder à ce qui se passe quand tu focalises fortement ton attention sur quelque chose pour lutter contre cela. Disons que tu as mal à une dent. Tu passes continuellement ta langue dessus et chaque fois que tu le fais, tu penses « Aïe, ça fait vraiment mal. » Plus tu te focalises sur ta dent, plus ça fait mal. Cela fonctionne de la même manière avec les comportements compulsifs et addictifs. Plus tu te focalises dessus avec une énergie chargée, plus ils semblent devenir puissants.

As-tu déjà remarqué quand ton enfant, partenaire ou collègue commence à se disputer avec toi, tu contre-attaques illico ? Si tu es un peu comme moi avant, tu penses peut-être que ça va servir à quelque chose, mais au bout du compte, cela ne fait que renforcer la relation négative entre toi et l'autre et les problèmes ne sont toujours pas résolus. C'est la même chose quand tu te bats avec ton addiction, tout ce que tu parviens à faire, c'est de te juger durement et renforcer ton lien au comportement addictif, ce qui à son tour engendre plus de douleur encore d'être en tort, et un désir croissant d'échapper dans l'addiction.

Changer l'énergie que tu es

Je suggère une approche qui ne consiste pas à se focaliser sur l'addiction ou la combattre. Plus du deviens toi, plus tu changes l'énergie que tu es. En faisant cela — en changeant l'énergie que tu es — tu t'écartes du comportement addictif ou compulsif parce que l'addiction ne peut exister qu'en présence d'une énergie vibratoirement compatible. Je vais clarifier ceci par un exercice.

Là, maintenant, imagine-toi en train d'exercer ton comportement addictif ou compulsif. Immerge-toi vraiment dans ce ressenti.

Sens-tu l'énergie de cela ? Reste-là un moment et puis imagine une situation relativement neutre. Peut-être assis devant la télé, ou en train de prendre ton petit déjeuner, ou entrer dans ta voiture. Et saisis l'énergie de cela.

Rappelle-toi maintenant d'un temps où tu te sentais totalement joyeux et heureux de vivre. Saisis l'énergie de cela. Vraiment, immerge-toi dans cette énergie et reste là quelques moments. Est-ce que tu t'es allumé un tant soit peu ? As-tu le sourire aux lèvres ? Sens-tu ton corps se détendre ? Ça, c'est l'énergie qui te permet de sortir de ton comportement addictif pour créer de nouvelles possibilités. Ce que j'aimerais que tu comprennes ici, c'est que tu peux faire le choix de changer l'énergie que tu es. Et à travers ce choix, tu peux altérer ta relation à ton comportement addictif ou compulsif. Choisir de changer l'énergie est une composante fondamentale permettant de mettre fin à l'addiction. Change ton énergie et l'addiction ne pourra plus exister.

Changer l'énergie dense et contractée de l'addiction

Quand les gens cherchent à changer leur comportement addictif ou compulsif, ils pensent parfois qu'ils ont besoin d'avoir une expérience intense pour pouvoir effectuer le changement. Ils sont en recherche de quelque chose qui corresponde à la densité et à l'intensité de leur addiction. Par exemple, je connais des personnes qui disaient des choses du genre : « Je viens de voir une thérapeute corporelle et elle m'a fait un truc si intense. Je sais que ça va m'aider avec mon addiction. »

Ce que je vois, c'est que la thérapeute corporelle a apporté quelque chose qui correspondait à l'intensité et à la densité du comportement addictif de la personne ; elle n'a pas facilité le client à changer son énergie. Ce travail corporel ne fera rien pour le client parce qu'il n'a pas du tout abordé l'énergie du client. D'une certaine façon, ce type d'expérience renforce le comportement addictif. Je m'explique : si tu as une addiction au traumatisme et au drame, tu vas créer du traumatisme et du drame dans ta vie. Tu pourrais être l'une de ces personnes qui demandent : « Comment se fait-il que toutes ces emmerdes m'arrivent à moi ? » Et bien, si tu es l'énergie du traumatisme et du drame, tu vas créer plus de traumatisme et de drame. Tu dois devenir une énergie différente, une énergie d'aisance, pour pouvoir changer la situation. Si tu fais un travail corporel intense et peut-être douloureux pour t'aider à mettre fin à ton addiction au traumatisme et au drame, tu pourrais penser que tu fais quelque chose d'utile pour t'aider à arrêter de la créer, mais en réalité, tu ne fais que verrouiller plus de traumatisme et de drame dans ton corps.

Une part de l'antidote à l'addiction, de toi comme l'antidote de l'addiction, c'est de changer l'énergie dense et contractée de ton addiction en une énergie plus légère et plus expansive. C'est ce qu'est la conscience. C'est être présent à ce qui est. C'est être la légèreté et l'expansivité de cette expression.

Je sais que cela peut paraître contre-intuitif parce que nous pensons « Je dois être fort, intense et puissant pour surmonter mon addiction. C'est ce qui permettra de gagner sur elle. » Et ce n'est tout simplement par vrai du tout. Plus tu t'as toi, plus tu seras léger, expansif et conscient, moins les comportements addictifs et compulsifs pourront exister. Ils peuvent exister parce que ces comportements sont caractérisés par une densité et une contraction qui ne sont possibles que si tu n'es pas toi. Cette énergie dense ne peut coexister avec l'expansivité que tu crées quand tu es qui tu es vraiment.

Plus tu deviens toi, plus tu redécouvres et recouvres de nombreux talents, capacités et facettes de toi dont tu t'étais coupé ou que tu avais reniés. J'ai vu des tonnes de gens faire ça. Oui, cela prend du temps. Mais tu peux commencer aujourd'hui à restaurer le pouvoir que tu es. Et c'est par là que nous allons commencer.

Les gens me disent parfois « Eh bien, ce que tu dis est bien, mais j'ai déjà fait ça en thérapie. »

J'ai été psychothérapeute pendant des années, et je ne pratique pratiquement plus cela parce que de mon expérience, la thérapie n'aide généralement pas les gens à devenir qui ils sont vraiment. Au lieu de cela, la psychothérapie à tendance à les aider à mieux s'ajuster aux conditions de leur famille, leur culture et leur communauté. Qu'il s'agisse d'un emploi, d'une relation ou une forme d'expression de soi, la thérapie est essentiellement conçue pour t'aider à trouver ta place appropriée dans la société. La santé mentale est souvent mesurée par le degré de volonté d'une personne à changer et à s'adapter à ce qui a été décidé comme étant des comportements, responsabilités et rôles appropriés. Il y a un accord tacite selon lequel il faut aider le client à voir comment mieux s'intégrer aux paradigmes convenus. Si cela nécessite que tu divorces des parties de toi qui ne cadrent pas, on considère qu'il s'agit d'un sacrifice acceptable et nécessaire de ta part pour le bien de l'ensemble. Si tu ne le fais pas, tu es considéré comme égoïste. Les gens quittent souvent une thérapie en disant des choses comme « Eh bien, c'est comme ça. C'est la réalité. Je dois m'ajuster. C'est simplement les conditions de la vie. » En réalité, tu ne dois pas t'ajuster ! Tu peux choisir de le faire si cela ajoute à ta vie, mais tu n'es pas obligé. Tu as d'autres choix.

Voyons d'autres facteurs qui influencent et renforcent le processus d'amoindrissement de toi.

Aller à l'école

Comment c'était l'école pour toi ? Était-ce pour toi encore une expérience de non-intégration à la norme ? Nous ne sommes pas des êtres linéaires, mais on nous fait croire que nous devrions vivre de façon linéaire, rentrer dans le rang : cinquante minutes de maths, cinquante minutes de français, cinquante minutes de sciences sociales. Puis sortir dans la cour de récréation et s'amuser cinquante minutes. Est-ce que ça a fonctionné pour toi ? Pas pour moi. Et je te parie que ce n'était pas bien mieux pour toi.

Ton esprit passe-t-il de A à B à C ? Ou va-t-il de A à M pour revenir à B ? Et si c'était là le fonctionnement d'un esprit hautement créatif? As-tu éteint tout cela pour essayer d'être linéaire parce que c'est ce qui était requis. Et c'était comment pour toi de rester assis dans ces rangées de bureaux et de rester tranquille jusqu'au déjeuner? Est-ce que c'était amusant pour toi ou bien il a fallu que tu t'éteignes pour te conformer à la norme?

Les écoles étouffent aussi la curiosité et la créativité naturelles des étudiants par l'attente que tout le monde ait la même réponse (correcte). « Où est le problème », me diras-tu peut-être? « N'est-ce pas pour cela que nous allons à l'école? Pour apprendre les réponses? » Si tu regardes à ce qu'une réponse fait, tu verras que cela requiert également de ta part que tu éteignes l'énergie. C'est la fin de l'exploration des possibles. Disons qu'on attende de toi une réponse à la question « Quelles étaient les causes de la guerre civile américaine? » et qu'on ait donné une liste de cinq points à mémoriser. Tu dirais « Oh, d'accord, je peux mémoriser ces cinq points et les restituer au test. » Mais si tu crois que la complexité de cette question est ces cinq points, alors tu ne poseras jamais la question « Qu'est-ce que cela aurait pu être d'autre? Qu'est-ce qu'on ne voit pas ici? » Tu éteins la curiosité de ton esprit à la faveur des cinq réponses de l'enseignant, qui pourraient être inexactes ou incomplètes.

Voilà ce que l'école fait aux étudiants avec sa focalisation sur les réponses. À moins que tu n'aies eu une expérience très différente de la plupart des gens, l'école a désactivé la part de toi qui est curieuse et qui pose des questions. Et la part de toi qui questionne est un facteur immense pour t'aider à être l'antidote à l'addiction. C'est parce que les questions te permettent de regarder au-delà de ce qui paraît être la seule vérité. Elles te permettent de voir d'autres possibilités.

Allons encore un peu plus loin avec ceci. T'a-t-on donné tort quand tu faisais plusieurs choses en même temps à l'école? Beaucoup d'enfants ont beaucoup trop d'énergie pour rester assis en silence et faire une chose ennuyeuse à la fois. Qu'est-ce qui était vrai pour toi ? As-tu été étiqueté, critiqué ou même drogué à cause de ta tendance naturelle à faire plein de choses différentes en même temps ?

De nombreux enfants confrontés à cette pression à rentrer dans le moule choisissent d'éteindre leur énergie et d'adopter le rôle de la gentille petite fille ou du gentil petit garçon, sinon, ils choisissent de devenir rebelles. Aucun de ces rôles ne permet à ce qui est vrai de se montrer parce que les deux rôles sont constitués par des ensembles prédéterminés de réactions. Alors, que tu aies été une gentille petite fille ou gentil petit garçon, ou un rebelle, rien de tout ça n'est être soi. Être toi est en dehors de tout système ou rôle adoptés particuliers. Être toi, ce n'est pas résister ou réagir à quelque chose, ni t'aligner ou t'accorder sur quelque chose. C'est simplement être ce qui est vrai pour toi. Une fois encore, cela nous ramène à savoir ce que tu sais.

Et n'y avait-il pas encore autre chose d'inacceptable à l'école ? Tu n'étais pas autorisé à savoir ce que tu savais, n'est-ce pas ? Tu devais montrer ton travail. Disons que tu faisais un test à choix multiple en mathématique et les réponses étaient : a) 3 1⁄4, b) 9 3⁄4, c) 7 1⁄2, d) 5. Tu les as regardées et tu t'es dit : « Oh, c'est 9 3⁄4 ! »

Le professeur t'a-t-il demandé : « Comment es-tu arrivé à cette réponse ? »

Tu as répondu : « Je ne sais pas. Je savais tout simplement. »

Si tu ne pouvais pas prouver ton savoir de manière linéaire, ta réponse n'était pas acceptable. Le professeur disait : « Eh bien, si tu ne peux pas prouver ton travail, c'est que tu trichais ou copiais. » Savais-tu secrètement ce que tu savais, mais réalisais-tu aussi que tu n'avais pas le droit de juste « savoir les choses », alors tu as essayé de faire à leur mode ?

Ce genre d'expérience diminue le savoir inné que nous avons tous. Ne t'est-il jamais arrivé de rouler sur l'autoroute et tu savais tout simplement quelle sortie prendre, même si tu avais des instructions qui t'indiquaient de sortir deux sorties plus loin ? Par après, tu t'es rendu compte que tu avais ainsi évité un énorme bouchon à cause d'un chantier ou d'un accident. Si quelqu'un t'avait demandé « Pourquoi sors-tu ici ? » tu n'aurais pas pu expliquer pourquoi. Tu savais tout simplement que tu devais sortir là. Ce n'est pas logique et ce n'est pas acceptable ou reconnu par beaucoup de gens — en particulier à l'école.

Être qui tu es « supposé » être

En grandissant, as-tu essayé de discerner ce que la société avait décidé qu'était un adulte accompli ? Combien d'information y avait-il en circulation pour te dire ce que ça voulait dire ? As-tu capté le message : « Tu sais que tu es accompli si tu gagnes beaucoup d'argent, que tu as deux enfants et demi et que tu vis dans une maison avec une barrière en bois et que tu participes à des réunions de parents » ? Est-ce que c'était satisfaisant pour toi ? Ou avais-tu le sentiment qu'il pourrait y avoir plus dans la vie que ça ?

Tout ceci pour expliquer que dans chaque phase de ta vie, il y a des gens et des institutions qui aimeraient que tu élimines qui tu es *vraiment* pour que tu cadres avec qui tu es *supposé* être. Croire à tout cela constitue le cœur de l'addiction. C'est incroyablement douloureux de ne pas être qui tu es vraiment.

Il y a des années, j'avais un chat qui sortait et qui entrait. C'était une petite chatte courageuse et sauvage. Elle allait chasser puis rentrait à la maison avec un écureuil aussi gros qu'elle. Un jour, je ne la trouvais nulle part. Je l'ai cherchée et cherchée. Finalement, je l'ai découverte tapie derrière la porte de la salle de bain. Il lui était arrivé quelque chose, mais je ne savais pas clairement quoi. Nous l'avons emmenée chez le vétérinaire. Elle avait quelques blessures bénignes, elle avait peut-être été renversée par une voiture ou attaquée par un chien. Quoi qu'il en soit, elle était terrorisée. Cela lui avait dit que c'était mal d'être courageuse et elle s'est contractée dans ce petit être qui était à peu près un dixième de ce qu'elle était vraiment. Il nous a fallu travailler avec elle tout un temps pour l'aider à se remettre et une fois remise, elle est redevenue la petite chatte courageuse et sauvage qu'elle avait toujours été.

C'est la même chose qui se passe avec nous. Quelque chose se passe dans notre vie, et nous pensons que nous contracter est une bonne idée. Beaucoup d'entre nous se contractent durant l'enfance parce que c'est « sécuritaire ». Ainsi, nous nous sentons moins vulnérables. Tu n'avais pas envie d'être près de papa quand il était de mauvaise humeur. Tu pensais que quand l'enfant qui te tyrannisait était dans la cour de récréation, te faire tout petit était la meilleure chose à faire. Et fais-tu encore cela ? Te rends-tu encore invisible d'une façon ou d'une autre ? Est-ce que cela te sert bien aujourd'hui ou bien cela ne fait-il que renforcer l'idée que tu es impuissant.

Exercice d'expansion

Cet exercice est destiné à t'aider à passer d'un espace contracté à un espace beaucoup plus expansif. La plupart d'entre nous sont habitués à avoir leur énergie très contractée, mais c'est en réalité la contraction qui crée d'immenses limitations. Quand tu deviens l'espace que tu peux vraiment être, tu as une plateforme bien plus vaste pour créer et générer ta vie. Cet espace te permet aussi de gérer avec beaucoup plus d'aisance tout ce qui vient à toi depuis cette réalité.

Avant de commencer cet exercice, sois bien conscient que l'être n'est pas à l'intérieur du corps. Le corps est à l'intérieur de l'être !

Instructions :

(Il peut être pratique d'enregistrer cet exercice pour que tu puisses écouter les instructions)

- Trouve-toi un endroit calme où tu ne seras pas dérangé.
- Inspire maintenant profondément, puis expire lentement.
- Prends encore une profonde inspiration et expire lentement. Laisse ton corps se détendre, laisse partir toutes les tensions.
- Maintenant, j'aimerais que tu t'expanses de 20 à 25 cm en dehors du corps. Tu ne dois rien *essayer* de faire, juste demander et le créer.
- Prends un moment pour bien prendre conscience de ce que c'est pour toi.
- Maintenant, expanse-toi pour remplir la pièce dans laquelle tu te trouves. Prends un moment pour bien prendre conscience de ce que c'est pour toi.
- Maintenant, expanse-toi pour remplir tout le bâtiment dans lequel tu te trouves. Prends un moment pour bien prendre conscience de ce que c'est pour toi.
- Maintenant, expanse-toi pour être aussi grand que la ville où tu te trouves.
- Maintenant, expanse-toi à 50 km dans toutes les directions, y compris au centre de la Terre.

- Maintenant, expanse-toi à 200 km dans toutes les directions, y compris au centre de la Terre.
- Maintenant, expanse-toi à 1000 km dans toutes les directions, y compris au centre de la Terre.
- Maintenant, expanse-toi à 5000 km dans toutes les directions, y compris au centre de la Terre.
- Maintenant, expanse-toi à 20 000 km dans toutes les directions, y compris au centre de la Terre.
- Maintenant, expanse-toi à 100 000 km dans toutes les directions, y compris au centre de la Terre.
- Maintenant, expanse-toi à 500 000 km dans toutes les directions, y compris au centre de la Terre.
- Maintenant expanse-toi aussi loin que tu veux, y compris au centre de la Terre. Prends un moment pour observer l'énergie et l'espace que tu es. Reste là un moment ou deux ou plus. Comment c'est pour toi ?
- Maintenant, ouvre les yeux, en maintenant autant d'expansion que tu as envie. À quelle distance est-ce cela pour toi, es-tu prêt à être autant d'espace que cela de manière régulière ? Tu peux le faire, tu sais.

Le fait d'être prêt à être espace créera beaucoup d'aisance pour toi. Je t'encourage à t'entraîner à cet exercice chaque jour jusqu'à ce que cela devienne aisé pour toi d'être immédiatement l'espace que tu désires être. Au début, tu ne pourras peut-être effectuer qu'une partie de l'exercice. Ne t'inquiète pas si tu sembles ne pas y parvenir du premier coup. Il te faudra peut-être un peu de pratique. Quand j'ai pratiqué cet exercice pour la première fois, je le faisais tous les matins et tous les soirs. Tu pourrais faire pareil.

Il s'agit d'un super exercice à utiliser quand tu remarques que quelqu'un te juge — ou quand tu te juges — parce que rien ne te contracte autant que le jugement. Plus tu es prêt à être espace, moins les jugements te coinceront. C'est important parce que les jugements font que tu te juges comme étant en tort et la douleur d'être en tort et ne pas parvenir à rentrer dans le moule est l'une des raisons principales pour lesquelles tu vas à l'endroit où tu exerces le comportement addictif ou compulsif en premier lieu.

Deux jugements courants

Je vais parler ici des deux jugements courants que la société colle aux personnes qui ont des addictions. Si tu gobes l'un de ces jugements comme étant vrais, tu vas à nouveau te contracter et te diminuer.

« Tu es égoïste »

Les gens qui ont des comportements addictifs ou compulsifs sont souvent accusés d'être égoïstes. Dans certains programmes de traitement, c'est l'une des choses qu'on dit habituellement aux personnes qui ont une addiction : « Tu es égoïste. »

Égoïste. Ce n'est pas bien n'est-ce pas ? Eh bien, peut-être pas. L'égoïsme peut être une très bonne chose. Si un bébé n'était pas égoïste, s'il n'exprimait jamais ses besoins ou désirs en dépit de ce qui se passe pour les autres, il pourrait bien ne jamais être nourri ou changé. Quand tu te renies et que tu places continuellement les autres avant toi, tu n'es pas inclus dans l'équation de ta propre vie. Tu es là juste pour être et faire ce que les autres ont besoin que tu sois et fasses. Tu perds la conscience de tes propres besoins et envies — et comment peux-tu être si tu n'es pas conscient de ces choses ?

Ce que la plupart des gens veulent dire quand ils t'accusent d'être égoïste, c'est que tu n'es pas la personne qu'ils veulent que tu sois et que tu ne satisfais pas leurs besoins. Tu es égoïste si tu veux passer la journée à lire et que tu ne veux pas faire de courses avec eux. Tu es égoïste quand tu n'es pas à la hauteur de ce qu'ils ont décidé qu'étaient tes responsabilités et obligations. Ils disent que tu as tort et que tu les blesses. Ils disent « Tu te places en premier. Tu dois te mettre de côté pour moi. » En fait, tu dois te placer en premier ! Si tu ne te places pas en premier, tu ne peux pas être le véritable cadeau que tu es pour le monde. Ce qui est bien loin d'être égoïste.

J'ai eu un client qui avait été étiqueté comme accro à la drogue. Sa femme s'en considérait comme la victime éternelle. Elle était en fait accro à la critique et à l'état de victime. Son point de vue était « il me fait du mal avec son addiction, il fait des choses épouvantables. » Fait intéressant : quand j'ai demandé à mon client de dresser la liste de toutes les façons dont il causait du tort à son épouse, il était incapable de citer quoi que ce soit de spécifique. Il a alors compris que quand il gobait ses plaintes comme réelles, il affirmait sa position d'épouse lésée et lui procurait ainsi des occasions supplémentaires de le gronder, de l'accuser et de le diminuer.

Alors que je travaillais avec cet homme, il a pris conscience de la dynamique de la situation et était plus disposé à se montrer dans sa vie tel qu'il était et à lâcher sa consommation de drogue. Plus il était heureux, créatif et plus il avait de succès, plus sa femme devenait détestable à un point tel que ses enfants ne voulaient plus être en sa compagnie. Il s'est finalement séparé d'elle. Ce qui est triste, c'est qu'elle aurait pu choisir de changer et de mettre fin à sa propre addiction, mais elle était de plus en plus accrochée à être la victime critique et abusive qu'elle a choisi d'être.

Je t'encourage à considérer ce qui se passe vraiment pour les personnes qui te traitent d'égoïste. S'agit-il de toi ? L'une des façons d'embrasser le fait d'être l'antidote à ton addiction est de te demander :

- Suis-je bien dans l'équation de ma propre vie ou bien suis-je entré dans la réalité de quelqu'un d'autre ?
- Est-ce que je fais ce que les autres veulent que je fasse sans tenir compte de mes propres besoins ?

Si tu tentes de cadrer dans la réalité de quelqu'un d'autre, tu ne peux pas avoir la tienne. Tu ne peux pas commencer à restaurer ton propre pouvoir pour toi-même et être qui tu es vraiment. Et si la réalité de l'autre personne est plus petite que la tienne, tu dois renier ta conscience et te contracter suffisamment pour rentrer dans le cadre de leur toute petite vie. Je ne suis pas en train de te dire de ne pas tenir compte de l'effet de tes actions sur les autres. Il ne s'agit pas d'être un éléphant dans un magasin de porcelaine, mais de voir où les autres te jugent comme égoïste alors que ce que tu fais est en fait une contribution à l'expansion de ta vie.

« Tu es imprédictible »

Parfois les gens sont accusés d'être égoïstes quand ils sont imprédictibles. Si tu ne fais pas le truc prédictible que les gens attendent, ils pourraient t'accuser d'être égocentrique. Mais tu n'es pas égocentrique ; tu es présent — et ça, pour beaucoup de gens, c'est l'un des pires péchés qui soient, parce que quand tu es présent, ils ne peuvent pas te contrôler. Tu es capable de choisir quelque chose qui n'est pas prédictible parce que tu suis l'énergie dans le moment plutôt que de fonctionner sur pilote automatique.

Disons que tu as une routine immuable pour ce que tu fais le dimanche. Puis, un dimanche matin, tu te réveilles et tu ne te réjouis pas de ce plan. C'est lourd. Es-tu prêt à demander « Qu'est-ce qui serait amusant et expansif aujourd'hui plutôt que d'aller à la matinée au cinéma, d'emmener les enfants chez Chuck E. Cheese, ou de bruncher avec les Machinchose ? » Peut-être choisiras-tu de partir en randonnée ou d'explorer un parc ou encore de rester à la maison jouer à des jeux de société. Être imprédictible, n'est-ce pas là ce qui fait le sel de la vie ? Je ne parle pas de faire de ton imprédictibilité un fardeau pour les autres. Je parle d'être prêt à suivre l'énergie. Voici l'un des faits bizarres à propos de l'addiction : l'addiction te rend très, très, très prédictible. Tu as remarqué ? « Après le repas, je fume une cigarette », « Cinq heures, l'heure de l'apéro », « Soirée rendez-vous, et hop du porno sur Internet. »

Et si tu étais prêt à être imprédictible dans le sens d'être toi dans l'instant, d'être conscient et de poser des questions comme :

- Qu'est-ce que je pourrais faire de fun pour moi maintenant ?
- Quelle nouvelle ou différente activité pourrais-je choisir aujourd'hui ?
- Qu'est-ce qui expanserait ma vie ?

Si tu étais prêt à être imprédictible, à quel point ta vie changerait-elle ? À quel point te sentirais-tu plus vivant ?

L'un des éléments de l'imprédictibilité, c'est être prêt à changer d'avis. C'est ce que tu fais quand tu es vigilant, conscient et branché sur toi-même et ce qui se passe pour toi. Et si tu étais prêt à changer d'avis toutes les dix secondes ? Et si tu n'avais pas à te tenir à quelque chose juste parce que tu as décidé de le faire à un moment donné ?

N'as-tu jamais accepté un boulot et le premier jour, tu savais que ça ne te conviendrait pas ? Mais parce que tu as dit que tu le ferais, tu es resté six ans ? Ou bien était-ce un mariage ou une relation. As-tu décidé que tu devais rester pour toujours même si vous étiez tous les deux misérables ? Et si tu t'autorisais à changer d'avis et à ne plus t'enchaîner à quelque chose qui ne fonctionne pas pour toi ? Parce que, une fois de plus, quand tu fais ça, tu t'exclus de ta propre vie.

Je ne dis pas qu'il faut ignorer totalement les autres. Je dis qu'il faut être conscient et honnête avec toi-même sur ce qui fonctionne et ce qui ne fonctionne pas. Tu peux poser des questions comme « Que faudrait-il pour que ceci soit expansif pour tout le monde ? » Il s'agit de chercher les possibilités — parce que nous sommes tous interconnectés et il y a des façons d'être totalement toi tout en incluant les gens qui sont prêts à être dans ta vie. Si ton mariage ne fonctionne pas, est-ce que c'est vraiment au bénéfice de ton époux/épouse et des enfants d'y rester ? Les enfants sont conscients de ce qui se passe. J'ai eu de nombreux clients adultes qui me disaient « J'aurais préféré que mes parents divorcent. Ma vie aurait été beaucoup plus facile si je n'avais pas été pris au milieu de leurs bagarres. » On peut en dire autant d'un emploi. Si tu détestes ton travail, peux-tu vraiment fournir un bon travail pour ton employeur ? Ou bien serait-il mieux avec une personne qui prendrait vraiment plaisir à travailler là ?

LE CHOIX ET LA CONSCIENCE

La plupart des gens pensent que le choix est quelque chose qu'ils doivent exercer quand ils sont face à différentes alternatives. Ils pensent qu'ils ont le choix entre la glace à la vanille ou au chocolat, qu'ils ont le choix entre être marié ou divorcé ou qu'ils peuvent choisir de passer leurs vacances au Costa Rica, en Californie, à Hawaii ou au Canada. C'est ce que j'appelle choisir dans un menu. Cela présuppose que les options ou réponses en face de toi sont les seuls choix que tu as.

Prenons par exemple, l'énoncé « Tu peux être marié — ou bien être divorcé. » Si tu considères ce que la plupart des gens veulent dire par « marié », tu vois comment ils se coincent avec l'idée qu'ils n'ont que deux choix. Mais que se passerait-il si tu ne définissais pas le mariage comme les autres ? Et si cela ne voulait pas dire vivre 365 jours par an, à jouer des rôles et à s'installer dans des routines et attentes établies entre les époux ? Et s'il s'agissait d'honorer l'autre pour qui il est et d'être présent avec cette personne dans l'instant plutôt que d'avoir un ensemble bien défini de comportements et d'actions ? Et si resté marié était un choix exercé chaque jour, pas en analysant les choses, mais en suivant l'énergie ? Cela pourrait-il t'ouvrir à une relation différente et plus expansive ? Il y a toujours les choix du « menu » qui sont présentés par cette réalité. Ce sont les jugements et les règles arbitraires que nous adoptons et qui limitent nos choix. On nous fait croire que nous avons des options limitées, quelle que soit la situation, mais ce n'est généralement pas le cas.

Voici un autre exemple. Je parlais à une cliente qui disait : « J'en fais toujours trop. Quand Noël arrive, j'insiste pour respecter toutes les traditions — mettre un sapin, faire un repas avec de la dinde, préparer des biscuits et acheter des cadeaux à tout le monde. Je m'épuise et je finis par imposer tout cela à mes enfants qui s'en foutent un peu. Je ne veux plus de ça — mais je ne veux pas laisser Noël sans rien faire, parce que j'adore ça. »

Je lui ai dit : « Pourquoi ne prends-tu pas du temps avec tes enfants pour une réunion de famille ? Vous pourriez choisir ensemble les choses que vous aimez. Si vous voulez célébrer Noël le 27 décembre pour éviter toute la fièvre du 25, faites-le. Ou si vous voulez entasser tout le monde dans la voiture et faire un voyage pendant les fêtes, faites-le. Faites quelque chose qui soit fun et qui fonctionne pour vous tous. Vous avez toujours beaucoup plus de choix que ce que vous croyez. »

Elle a dit : « Oh c'est tellement plus libérateur ! »

Le véritable choix, c'est aller au-delà des options que celles qu'on t'a présentées comme les seules possibles. Tu as toujours plus de choix que ce que tu crois.

Nous choisissons continuellement

Une erreur courante est de ne pas reconnaître que nous faisons continuellement des choix. Nous choisissons quelque chose à chaque seconde de notre vie. Nous choisissons de bien nous traiter — ou pas. Nous choisissons de nous connecter à une personne — ou pas. Nous choisissons d'exercer notre comportement addictif ou compulsif — ou pas. Nous choisissons même si nous ne sommes pas conscients que nous choisissons. Si tu fonctionnes sur pilote automatique, tu choisis simplement de fonctionner sur pilote automatique. Si chaque fois que tu vois une maison ou une voiture, ou une personne en particulier, tu dis automatiquement « Beurk ! », tu choisis de répéter le même jugement encore et encore.

Le choix crée la conscience*

Peu de gens comprennent qu'ils augmentent leur conscience en faisant des choix. Beaucoup de gens essaient de devenir conscients de ce que leurs choix vont créer avant de choisir. Mais cela ne fonctionne pas comme ça. C'est le choix qui crée la conscience. La conscience ne crée pas le choix.

N'es-tu jamais allé à un rendez-vous galant où tu as pratiquement immédiatement su s'il y avait un futur possible ou non avec cette personne ? Ton choix d'aller à ce rendez-vous avec cette personne a créé la conscience. Parfois, tu peux avoir une prise de conscience simplement par l'acte même de choisir. Tu ne dois pas vraiment continuer dans cette voie. Si tu dis : « Je vais retourner à l'école pour terminer mon diplôme. » Tu auras immédiatement l'énergie de ce que ce choix va créer. Et puis tu fais un autre choix. « Oh, peut-être pas cette fois-ci. »

Choisir est crucial pour la conscience. Je te suggère de continuer à choisir, choisir, choisir, ce que tu fais de toute façon, mais aussi de devenir conscient du fait que tu choisis.

---

* « Le choix crée la conscience » est un concept d'Access Consciousness®

Petite vérification

J'aimerais que tu prennes un moment pour vérifier si en cet instant tu es encore l'énergie de l'expansion. Si, pour une raison ou une autre, tu t'es retrouvé dans un état plus contracté, prend un instant maintenant pour t'expanser à nouveau. Quand tu apprends de nouvelles informations à partir de l'espace de l'expansion, c'est beaucoup plus facile de voir ce qui est vrai pour toi et ce qui résonne chez toi que quand tu es dans la contraction.

Exercice : l'événement-mensonge

L'une des choses qui nous empêchent d'être l'antidote à notre comportement addictif, ce sont les décisions, jugements et conclusions que nous avons pris à propos de notre expérience passée et nous croyons ce qu'ils disent sur nous et l'univers. Voici un exercice que tu peux utiliser pour commencer à travailler ça. Je l'appelle « l'événement-mensonge. »

Choisis un ou deux événements de ton enfance qui ont encore une charge pour toi. Cela ne doit pas être des choses énormes. Je ne parle pas d'événements majeurs comme un décès dans la famille ou un déménagement. Cela peut être quelque chose qui semble anodin – quelque chose qui s'est passé à l'école ou quand tu étais en visite chez des cousins. Pas des abus majeurs, juste quelque chose qui est chargé.

Voici un exemple de ma propre vie. J'étais en deuxième année. C'était le 31 octobre, Halloween. J'étais très excitée à l'idée de me déguiser et de faire le tour du quartier avec les enfants de ma classe pour recevoir des bonbons. Nous sommes allés à une maison où la dame avait un énorme plat de bonbons. Elle nous a dit « Prenez-en autant que vous voulez. » J'étais super excitée et j'ai tendu la main et saisi deux ou trois grosses poignées de bonbons.

Quand on est rentrés en classe, l'institutrice a dit à tout le monde en classe que moi et un autre garçon, qui avait aussi pris beaucoup de bonbons, étions cupides et que nous n'avions pas de manières. Elle nous a donné tort comme pas possible. C'est resté en moi longtemps. Même adulte, cet incident avait une charge pour moi. Chaque fois que j'y pensais, je me crispais. C'est le genre d'événement dont je parle.

Après cette expérience, j'ai conclu que j'étais une méchante fille, que j'étais cupide et que ce n'était pas bien de se faire plaisir. En d'autres termes, j'étais en tort et je devais me contracter. J'ai aussi décidé que je ne pouvais pas faire confiance aux adultes. Même si cette dame m'avait invitée à prendre des bonbons, j'avais été humiliée par l'institutrice et je ne voulais plus faire confiance aux paroles des adultes. Et pendant des années, j'ai vécu à partir de ces décisions, jugements et conclusions. Ils ont coloré nombreuses de mes réactions aux événements durant ma vie.

De nombreuses années plus tard, je suis retournée voir ces décisions et j'ai réalisé que je n'étais pas du tout cupide. La dame au plat de bonbons me faisait un cadeau et je recevais son cadeau avec joie — jusqu'à ce que l'institutrice me donne tort. Il a fallu que je regarde cet incident d'une perspective différente pour comprendre que ce n'était pas moi qui avais tort dans cette situation, mais l'institutrice. J'ai enfin pu laisser partir cette charge et dire : « Waouh, j'ai adopté des décisions, jugements et conclusions incorrects — et je les ai laissés piloter ma vie. Et toutes ces décisions ont contribué à mon comportement addictif parce qu'elles me donnaient toutes la sensation d'être en tort et que je ne pouvais pas me faire confiance, ni à moi ni aux autres. »

Quand j'ai fait l'exercice de l'événement-mensonge avec une amie, elle s'est rappelé un incident qui s'était passé quand elle avait cinq ans. Elle avait soigneusement sélectionné ses vêtements et s'était habillée, puis était allée fièrement montrer à sa mère comme elle avait bien fait ça. Devine ce qui s'est passé ? Sa mère l'a ridiculisée et lui a fait ressentir la honte. Mon amie s'est sentie humiliée et a conclu qu'elle ne pouvait pas se faire confiance pour prendre de bonnes décisions.

Quand mon amie est retournée voir cette situation, elle a réalisé que ce n'était pas elle qui avait fait un mauvais choix, c'est sa mère qui avait été méchante. Elle avait une mère méchante — c'est le cas pour certains d'entre nous. Elle a vu qu'elle était en fait capable de prendre de très bonnes décisions et elle a regardé à différents endroits de sa vie où elle l'avait fait sans l'avoir reconnu. Elle n'a pu lâcher ses jugements sur elle-même que lorsqu'elle regardé à la conclusion qu'elle avait tirée à cinq ans. Et durant sa vie, elle ne pouvait pas non plus laisser entrer l'information qu'elle avait effectivement pris d'excellentes décisions.

Pourquoi cet exercice est-il si puissant ? C'est parce que ton point de vue crée ta réalité.[1] Si tu conclus à l'âge de six ou sept ans que tu es cupide et que tu ne peux pas faire confiance aux gens, ou si tu as conclu à cinq ans que tu prenais de mauvaises décisions, tu crées les circonstances qui vont démontrer l'exactitude de ces conclusions — jusqu'à ce que tu retournes les voir. Nous nous créons des mensonges à propos de la signification des événements de notre vie. Et ces mensonges contribuent à notre sentiment d'être en tort et participent au comportement addictif ou compulsif que nous choisissons.

Alors, là maintenant, je t'invite à écrire ton événement. Une fois encore, il s'agit d'un événement de ton enfance qui peut sembler banal, mais qui a une charge pour toi. En as-tu un ? Écris ce qui s'est passé pour toi.

Après avoir fait ça, regarde aux décisions, jugements et conclusions que tu as pris à ton sujet, à propos de ta vie, des autres, des adultes, et peut-être Dieu ou l'univers, à la suite de cet incident. Et écris-les aussi.

1 « Ton point de vue crée ta réalité » est un concept d'Access Consciousness®.

Après avoir terminé cette partie de l'exercice, je t'encourage à retourner voir le petit garçon ou la petite fille que tu étais à ce moment-là et à te demander : « Si j'avais été à l'extérieur de cette situation, et que j'avais vu ces choses arriver à un enfant, qu'est-ce que je dirais à cet enfant ? » Qu'est-ce qu'on aurait pu te dire à ce moment-là qui aurait pu remettre cet incident dans une bonne perspective pour toi ? Et note cela aussi.

J'aimerais que tu te dises cela à toi-même maintenant. Te le dire te permettra de corriger les décisions, jugements et conclusions que tu as pris en tant qu'enfant et qui ont façonné ton point de vue — et qui influencent peut-être encore la façon dont tu interagis avec le monde. Mettre le doigt sur de vieux mensonges, des décisions, jugements et conclusions erronés est une étape importante dans le processus de révélation de qui tu es vraiment.

Quelques outils que tu peux commencer à utiliser maintenant

Voici quelques questions et outils qui te permettront de devenir plus toi, c'est-à-dire de devenir l'antidote à ton addiction.

Outil : lourd ou léger ?[2]

J'aimerais te présenter un outil que j'ai trouvé extrêmement précieux :

Ce qui est vrai te fait te sentir léger, ce qui est un mensonge te fait te sentir lourd.

2 « Est-ce léger ? Ou est-ce lourd ? » est un outil d' Access Consciousness®.

Pour t'aider à mieux comprendre, pense par exemple à quelqu'un dans ta vie qui compte vraiment beaucoup pour toi — quelqu'un avec qui tu es prêt à être sans jugement. Saisis l'énergie de cela. Est-ce lourd ou léger ? Je devine que tu sens de la légèreté là.

Maintenant, saisis l'énergie de quelqu'un qui t'a trahi ou quelqu'un que tu pensais être un ami jusqu'à ce que tu réalises qu'il n'était ni gentil, ni un ami. Y a-t-il de la lourdeur là ? C'est parce qu'il y a un mensonge là. Le mensonge est que cette personne t'aimait ou qu'elle agissait dans ton meilleur intérêt.

Chaque personne ressent le *léger* et le *lourd* d'une façon différente. Certaines personnes ont un sentiment de lourdeur ou de légèreté dans le corps. D'autres captent le mot « lourd » ou le mot « léger ». D'autres encore perçoivent le léger comme le jour et le lourd comme la nuit. Peu importe comment cela s'exprime pour toi. Ne juge pas cela. Ce n'est pas quelque chose que tu dois réussir à faire comme il faut. La réponse est unique pour toi. Et une fois que tu prends conscience de ce que *léger* et *lourd* sont pour toi, cela devient un outil extrêmement précieux. Je l'utilise chaque fois que je cherche la clarté sur ce qui est vrai pour moi et ce qui se passe dans ma vie. Je l'utilise aussi quand je fais des choix ou considère des possibilités différentes.

Par exemple, si j'envisage un voyage ou de participer à une classe en particulier, même si cela semble être une bonne idée ou une mauvaise idée d'un point de vue logique, je vais en saisir l'énergie en posant une question comme : « Quelle est l'énergie de participer à cette classe ou d'entreprendre ce voyage ? » Il y aura une lourdeur ou une légèreté et souvent la lourdeur et la légèreté contredisent ce que mon esprit logique aurait pu conclure. J'ai remarqué que quand je suis l'énergie de ce qui est léger, les choses tournent toujours bien. Et quand je ne le fais pas, c'est-à-dire quand je suis mon esprit logique — les choses ne tournent jamais positivement comme je me l'étais imaginé.

Je tiens toutefois à ajouter un avertissement ici. La seule façon pour que l'outil lourd/léger fonctionne correctement, c'est d'être prêt à ne pas avoir de point de vue sur ce que la réponse ou le résultat seront. Si tu as déjà décidé que quelque chose était bon ou mauvais pour toi, ou que quelqu'un est comme-ci ou comme ça, l'outil lourd/léger ne fonctionne pas. La réponse énergétique à la question correspondra à ce que tu as déjà décidé. Par exemple, si tu as décidé que la personne X est l'époux ou l'épouse parfait(e) et que tu demandes si c'est lourd ou léger d'épouser cette personne, tu auras *léger*. L'outil ne peut pas fonctionner parce que tu as déjà un jugement en place.

Si tu poses la question sur le fait d'épouser cette personne X, tu dois approcher la question avec une neutralité totale : « Si c'est expansif pour moi d'épouser cette personne, super, si ce n'est pas expansif pour moi d'épouser cette personne, super. » L'outil lourd/léger ne fonctionne qu'à partir d'un espace où il n'y a pas d'attente ni de résultat désiré.

Tu peux utiliser cet outil quand tu es tenté d'exercer ton comportement addictif ou compulsif :

- Quelle est l'énergie d'exercer mon comportement addictif ou compulsif maintenant ?
- Est-ce lourd ou léger pour moi de reporter mon comportement de quinze minutes ?

Même si tu trouves que c'est lourd pour toi d'exercer ton comportement addictif ou compulsif, tu peux encore choisir de le faire. L'objectif de l'outil lourd/léger n'est pas de te dire ce que tu dois faire, mais simplement de t'apporter plus de conscience sur ce que tu choisis.

Voici quelques autres façons d'utiliser cet outil avec ton addiction. Demande :

- Joe me soutient dans ma démarche de me libérer de mon comportement addictif ou compulsif. Est-ce lourd ou léger ?
- Ceci (activité ou idée) pourrait contribuer à m'aider à lâcher mon comportement addictif ou compulsif. Est-ce lourd ou léger ?

Une fois encore, je parle de la lourdeur ou la légèreté de l'énergie. Quand tu commences à reconnaître et à suivre l'énergie plus légère, tu vas commencer à choisir des choses qui vont t'aider à te libérer de ton comportement addictif ou compulsif.

Si tu es un peu comme moi, tu as essayé de comprendre les choses en y réfléchissant. Reconnais s'il te plaît qu'en dépit de ce qu'on a pu te dire, réfléchir ne fonctionne pas. Et voici une autre information par rapport au fait de réfléchir : chaque fois que tu te mets à réfléchir et à essayer de comprendre les choses, tu te coupes de ta conscience de ce qui se passe. En fait, réfléchir t'empêche d'être conscient. Tu peux faire l'un ou l'autre — tu peux être conscient ou réfléchir — mais tu ne peux pas faire les deux en même temps.

Réfléchir t'a mené là où tu es. Si réfléchir avait pu te sortir de ton comportement addictif ou compulsif, tu en serais sorti à l'heure qu'il est. C'est pourquoi cet outil qui te demande percevoir l'énergie de la situation plutôt que d'essayer de réfléchir aux choses, est si efficace.

Tu peux utiliser l'outil lourd/léger pour accéder à ton savoir à tout moment. Si c'est léger, c'est vrai pour toi. Ce n'est pas une vérité universelle ; c'est simplement vrai pour toi. Et si c'est lourd, il y a un mensonge là — verbalisé ou non. Il est bon de savoir que parfois les mensonges ne sont pas exprimés. Tu dois être à l'affût de ceux-là aussi, parce que tout ce qui est lourd va bloquer ton attention jusqu'à ce que tu détectes le mensonge.

Par exemple, quelqu'un te dit : « Je ne peux pas venir à ta fête parce que je suis malade. » Tu pourrais te dire : « Mmm, c'est lourd pour moi. Y a-t-il un mensonge ici ? Oui. (Ceci te fait te sentir léger) Est-elle réellement malade ? Non. (Ceci te fait te sentir léger.) Ah, OK, je comprends. Elle n'est pas malade. »

Si tu vois que ces questions n'allègent pas complètement l'énergie, il y a peut-être plus dans le mensonge. Tu peux demander :

- Qu'est-ce qu'il y a encore là qui est un mensonge ?
- Quel est le mensonge non verbalisé ici ?
- Qu'est-ce qui se passe d'autre ici ?

C'est peut-être quelque chose que la personne ne te dit pas, comme « Eh bien, en fait, mon mari ne veut pas que j'aille à ta fête parce qu'il a peur que je flirte avec untel. » Dès que tu captes le mensonge non verbalisé, tu peux lâcher. C'est donc un outil très pratique et très utile aussi.

Utilise l'outil lourd/léger tout au long de la journée. Remarque ce qui est léger et suit l'énergie légère. Remarque ce qui est lourd. Ne résiste pas et ne réagis pas à la lourdeur parce que ce serait lutter contre elle, et lutter contre elle te maintiendra prisonnier. Au lieu de cela, demande : « Qu'est-ce que je peux être et faire pour créer une situation qui serait plus légère ici ? » Quand tu te poseras cette question, tu auras l'une ou l'autre prise de conscience. Va simplement dans cette direction.

Outil : À qui est-ce que ça appartient ?[3]

T'es-tu déjà promené en rue, plutôt heureux de la vie et d'un coup, une vague de chagrin t'envahit ? Ou peut-être regardais-tu un film à la maison et tu te surprends à être très en colère. Serais-tu surpris si tu savais que nombreuses de tes pensées, nombreux de tes sentiments et émotions ne t'appartiennent pas en réalité ?

Nous sommes nombreux à être incroyablement médiums. Et je constate cela en particulier avec les personnes qui ont des comportements addictifs ou compulsifs. Quand je dis « médium », je ne parle pas de lire dans les feuilles de thé ou dans une boule de cristal. Je parle de notre capacité à capter les pensées, sentiments et émotions de toutes les personnes qui nous entourent. Si tu es conscient qu'il s'agit d'une capacité, alors ce n'est pas un problème. Mais si tu n'en es pas conscient et que tu captes les pensées, sentiments et émotions des autres, tu supposes que la tristesse ou la colère ou quoi que ce soit que tu perçois t'appartient, et que tu dois y faire quelque chose. Le fait est que cela ne t'appartient pas et que tu ne peux rien y faire.

Voici un exemple : un Noël, je suis allée au centre commercial pour faire des achats de Noël. J'ai une petite famille et j'avais plus qu'assez d'argent pour couvrir les dépenses des cadeaux que j'allais acheter. Mais quand je suis sortie du centre commercial avec mes achats, j'ai pensé : « Oh mon Dieu ! Comment est-ce que je vais payer tout ça ? Je ne sais pas quoi faire avec mes cartes de crédit. » Tout d'un coup, j'ai réalisé que ce n'était pas ma pensée ! C'étaient les pensées toutes les personnes dans le centre commercial qui dépensaient plus que ce qu'elles n'avaient en mettant tout sur leurs cartes de crédit. Et donc, sachant que ce n'était pas mes pensées, je les ai juste laissé partir.

3 « À qui est-ce que ça appartient ? » est un outil d'Access Consciousness®.

Mais pour beaucoup de gens, ce n'est pas aussi clair que cela, surtout s'ils ne reconnaissent pas qu'ils ont la capacité de capter tout cela. C'est là où l'outil vient bien à point. Chaque fois que tu as une pensée, un sentiment ou une émotion, demande : « À qui est-ce que ça appartient ? » Si ça s'allège un tant soit peu, ça ne t'appartient pas, alors tu peux dire : « Retour à l'envoyeur. »

Durant mes nombreuses années en tant que thérapeute, j'ai vu des gens qui avaient travaillé à leur problème de colère pendant dix ans sans avoir pu changer quoi que ce soit — parce que, à la base, la colère ne leur appartenait pas. Ils la captaient d'un parent, d'un époux, d'un membre de la famille ou d'un patron et ils l'exprimaient pour eux. Une fois qu'ils ont compris que la colère n'était pas la leur, elle est tout simplement partie.

Il est possible aussi, quand tu ressens une douleur physique ou émotionnelle, que tu captes la douleur de quelqu'un d'autre et que tu la prennes pour la tienne. Cela arrive tout le temps. Pose la question « À qui est-ce que ça appartient ? » Si ça s'allège, tu sauras que tu le captes de quelqu'un d'autre et tu peux retourner à l'envoyeur.

Tu peux utiliser aussi « À qui est-ce que ça appartient ? » pour gérer les pensées, sentiments et émotions liés à ton comportement addictif et compulsif. Par exemple, tu peux essayer de l'utiliser avec n'importe quelle pensée, sentiment ou émotion qui monte quand tu envisages d'exercer ton comportement addictif et compulsif ou quand tu l'exerces déjà.

J'ai recommandé cet outil à une femme qui avait un problème de boisson. Quand elle devenait anxieuse ou mal à l'aise, elle se tournait vers l'alcool pour se soulager un peu. Je lui ai suggéré de demander « À qui est-ce que ça appartient ? » dès qu'elle prenait conscience de l'anxiété. Elle est arrivée à notre séance suivante avec un grand sourire aux lèvres. Elle avait découvert qu'elle captait l'anxiété de son mari, la prenait pour la sienne, puis elle prenait un verre pour se sentir plus calme.

Outil : pose de bonnes questions

Un autre outil efficace pour avoir plus de toi et mettre fin à ton comportement addictif et compulsif, c'est d'être systématiquement dans la question. Les questions renforcent. Elles expansent les choses énergétiquement et elles ouvrent à de nouvelles possibilités. Toute question ouverte t'aidera à t'expanser quand tu te sens contracté. Poser constamment des questions plutôt que d'aller à la conclusion, au jugement et à la décision à propos de ton comportement addictif et compulsif (ou quoi que ce soit dans ta vie) peut ouvrir de nouvelles possibilités de prises de conscience et d'actions.

Beaucoup de gens pensent qu'ils posent des questions, alors que la plupart du temps, leurs questions n'en sont pas vraiment. Ce sont des réponses avec un point d'interrogation à la fin.

En voici un exemple. Disons que tu as décidé que l'homme de ta vie devait arriver dans ta vie, et qu'il devait être grand, avoir les cheveux foncés et être beau. Tu pourrais poser une « question » comme : « Qu'est-ce qu'il faudrait pour que l'homme de mes rêves arrive la semaine prochaine ? » Ce n'est pas une véritable question. C'est une déclaration de ce que tu as décidé que tu voulais avec un point d'interrogation à la fin. Une véritable question porterait sur quelque chose que tu n'as pas encore décidé. Une vraie question laisse la place aux possibilités.

Tu penses que tu demandes l'homme de tes rêves, mais puisque tu as déjà décidé à quoi il devait ressembler, tu as limité ce que l'univers pouvait t'offrir. Et si l'homme qui serait la plus grande contribution à ta vie était petit et blond? Et s'il fallait un mois pour qu'il se présente? Plus tu mets d'exigences dans ta « question », moins il est probable que cela se présente.

Quand je travaille avec les gens et leurs addictions, ils posent parfois des questions comme : « Comment arrêter mon comportement addictif et compulsif? » Ce n'est pas une véritable question non plus. C'est une déclaration d'une décision qu'ils ont prise (qu'ils doivent arrêter) avec un point d'interrogation à la fin. Cette approche fait que l'on approche l'addiction sur le mode de la lutte. Cela limite également ce qui peut se présenter, parce que tu as déjà décidé ce qui devait se passer. Une meilleure question serait « Qu'est-ce qu'il faudrait pour que ce comportement change? », parce que le changement peut se présenter de toutes sortes de manières. Une question t'invite à expanser ta conscience. Elle t'ouvre à de nouvelles possibilités.

Voici d'autres questions que tu pourrais poser concernant ton comportement addictif et compulsif : [4]

- Quoi d'autre se passe ici dont je ne veux pas être conscient?
- Quoi d'autre est possible ici?
- Comment est-ce que ça devient encore mieux que ça?[5]
- Qu'est-ce qui pourrait changer ici?
- Quelles autres actions pourrais-je entreprendre?
- Quelle autre énergie pourrais-je être qui changerait ceci?

---

4 Plusieurs de ces questions sont utilisées tout au long du livre. Ce sont parmi les questions les plus précieuses que tu puisses avoir à ton répertoire.

5 « Comment est-ce que ça devient encore mieux que ça » est un outil d'Access Consciousness®.

CHAPITRE TROIS

Qu'est-ce qui est juste dans l'addiction

Tout comportement a une finalité. Tu ne choisirais pas un comportement addictif et compulsif si ce n'était pas une contribution à ta vie, d'une façon ou d'une autre.

Dans ce chapitre, nous allons explorer la question « Qu'est-ce qui est juste dans l'addiction ? » Je sais que cela paraît être une question complètement folle. Et je vais expliquer pourquoi il est crucial pour toi d'y répondre.

Le comportement addictif et compulsif peut souvent sembler être la meilleure façon de satisfaire à de nombreux besoins et il a peut-être été le meilleur mécanisme de survie que tu aies eu à ce moment-là. En fait, de nombreuses personnes utilisent leur comportement addictif et compulsif pour répondre à une grande variété de besoins. Une fois que tu commences à identifier toutes les façons dont l'addiction t'a aidé et dont elle a été juste pour toi, tu peux voir si tu désires continuer de répondre à ces besoins de cette façon-là.

Quand je demande : « Qu'est-ce qui juste dans l'addiction ? », la plupart des gens me regardent comme si j'étais folle. Ils disent, « L'addiction, c'est terrible. C'est horrible. C'est la pire chose. C'est ce qui m'empêche d'être moi. Je déteste l'alcool. Je déteste la cigarette. Je déteste les relations abusives. Je ne sais pas pourquoi je continue à les choisir. »

Je leur dis : « Je vais te raconter quelque chose que j'ai appris il y a longtemps. Tout comportement a une finalité. Tu ne choisirais pas un comportement addictif et compulsif s'il n'y avait pas quelque chose pour toi là-dedans. Tu ne le choisirais pas si ce n'était pas une contribution à ta vie, d'une façon ou d'une autre. Tu as créé l'addiction tout d'abord parce que tu pensais que tu n'avais pas d'autre choix. Tu n'avais pas l'information, ni les outils, ni les compétences pour choisir quelque chose de différent. Tu devais créer un comportement addictif et compulsif pour gérer ce qui se passait pour toi. »

Prendre conscience de cela constitue une étape importante. Mais c'est aussi un peu paradoxal, parce que l'autre versant de cette contribution est une limitation. Et tu dois voir les deux versants — la contribution et la limitation — pour pouvoir te libérer du comportement addictif et compulsif.

J'ai récemment commencé à travailler avec une nouvelle cliente qui avait été abandonnée et terriblement abusée lorsqu'elle était enfant. Elle a dit : « Je suis alcoolique. »

Je lui ai demandé : « Qu'est-ce que ça veut dire ? »

Elle a dit : « Je bois presque tous les soirs. » Je lui ai demandé : « Combien ? »

Elle m'a répondu : « À peu près une bouteille de vin. Je bois parce que je n'arrive pas gérer la douleur de voir comment j'ai bousillé ma vie et comment les choses sont difficiles. »

Je lui ai demandé : « As-tu de la gratitude pour la boisson et l'alcool ? »

Elle m'a dit : « Non ! Pourquoi est-ce que j'aurais de la gratitude pour ça ? »

Je lui ai dit : « Demande-toi : "Si je n'avais pas eu l'alcool pour gérer la douleur de l'abandon, l'abus et le sentiment d'être en tort, comment aurait été ma vie ?" »

Elle a commencé à pleurer et elle a dit : « Je me serais probablement tuée. »

Je lui ai demandé : « Peux-tu voir le cadeau que l'alcool a été ? » cela ne veut pas dire qu'il n'est pas temps de changer cela, mais c'était un cadeau pour toi au moment où tu n'avais pas d'autre façon d'aborder les choses. »

Et ce qui est formidable, c'est qu'elle a compris.

Cela a été incroyable pour moi de voir de si nombreux clients découvrir que leur comportement addictif et compulsif leur a en fait permis de rester en vie jusqu'à ce qu'ils reçoivent réellement de l'aide. Vérifie si cela a été vrai pour toi aussi. Tu commenceras peut-être à voir quel cadeau ton comportement addictif et compulsif a en fait été pour toi !

Maintenant, tu cherches à aller au-delà de ton comportement addictif et compulsif et il te sera très utile de découvrir les façons dont ce comportement a été bénéfique pour toi. Alors, envisageons cette question : « Qu'est-ce qui est juste dans ton addiction que tu ne saisis pas ? » Pour t'assister en cela, j'aimerais parler de quelques-unes des réponses que m'ont données mes clients qui étaient prêts à voir la contribution que leur addiction a été dans leur vie.

Mon comportement m'aide à m'en sortir. C'est mon meilleur déstresseur. Beaucoup de gens utilisent leur comportement addictif et compulsif comme leur moyen principal de gérer le stress. J'entends souvent des choses comme : « J'arrive à voir mon ex, parce que je sais qu'après je peux avoir une bouteille de vin. » ou « J'arrive à gérer les enfants, parce que je sais qu'après je peux me retirer dans mon bureau et me détendre en jouant à un jeu vidéo pendant quelques heures. »

Si tu n'as pas de bons outils pratiques pour gérer ton stress, ton comportement addictif et compulsif peut sembler être providentiel. La difficulté au bout du compte, c'est que tu te rends dépendant de ce comportement et que tu diminues ta conscience et ta capacité à gérer le stress d'une façon plus productive pour toi.

Mon comportement soulage la douleur émotionnelle et physique. Si tu as une douleur émotionnelle ou physique que tu sembles ne pas pouvoir gérer autrement, cela fait sens de te tourner vers un comportement addictif et compulsif pour la soulager — parce que l'idée principale derrière l'addiction est de ne pas être conscient et présent avec toi-même. C'est un moyen pour toi de ne pas exister, du moins temporairement, et dans cet état de conscience diminuée, tu trouves un peu de soulagement.

Toutefois, tant la douleur émotionnelle que physique sont des signes qui indiquent qu'il y a quelque chose dont tu dois être conscient. Alors, quand tu recours à ton comportement addictif et compulsif pour soulager la douleur, tu mets ta conscience en veille. Cela peut être OK un temps ; toutefois, dans certains cas, il faudra que tu t'occupes de certaines choses sur la base de cette conscience et si tu ne t'en occupes pas, cela pourrait te porter préjudice.

Mon comportement m'aide à me sentir plus à l'aise dans certaines situations sociales. Il se peut que boire un cocktail ou fumer un joint t'aide à te sentir à l'aise socialement, pour pouvoir interagir plus aisément avec les gens. Il se peut que les antidouleurs que tu prends pour t'aider à passer une bonne nuit de sommeil te permettent de sortir et t'amuser avec des gens plus souvent. Ou bien, il se peut que chercher ce qui cloche dans la vie des gens ou résoudre leurs problèmes te détend et te permet de sentir que tu sers à quelque chose.

Tandis que tout ceci semble faire sens, quand tu recours à ton comportement addictif et compulsif pour t'aider à te sentir plus à l'aise, tu te coupes de la possibilité d'utiliser les outils ou de développer les compétences qui te permettront de te sentir à l'aise sans recourir au comportement addictif et compulsif.

Mon comportement fait cesser le bavardage mental. As-tu déjà eu le sentiment d'avoir tout un comité dans la tête ? Qui fait que chaque fois que tu veux prendre une décision, il y a une voix qui te dit une chose et une autre qui te dit l'autre ? Beaucoup de gens utilisent leur comportement addictif et compulsif pour faire cesser ce genre de bavardage mental. Il semble apaiser l'esprit et faire baisser le volume des voix contradictoires.

Mais si c'est la seule façon pour toi de faire cesser le bavardage mental, tu te rends dépendant de ton comportement addictif et compulsif plutôt que d'avoir le choix de la façon dont tu aimerais t'en occuper.

Mon comportement m'aide à recevoir. Recevoir, c'est baisser toutes tes barrières et t'ouvrir et permettre à quelqu'un ou quelque chose d'être une contribution pour toi. Certaines personnes ont eu des expériences de vie si douloureuses qu'elles ont décidé qu'elles ne pouvaient pas faire confiance aux autres ou que l'univers était contre elles. Leur façon de rester « en sécurité » a été de se couper de recevoir de qui ou quoi que ce soit d'autre que leur addiction. Elles te diront qu'elles ne reçoivent d'amour, d'attention, de confort, de soutien et de détente que quand elles exercent leur comportement addictif et compulsif.

Si tu as vécu des expériences difficiles et abusives, tu as peut-être aussi conclu qu'il était trop dangereux de s'ouvrir et de recevoir de qui ou quoi que ce soit hormis ton addiction. C'est une conclusion courante, et totalement compréhensible au regard de tes expériences.

Malheureusement, tout ce que tu exclus de recevoir dans ta vie à présent, est une partie de ce qui te maintient dans l'énergie contractée de l'addiction, parce que ton comportement addictif et compulsif est toujours un moyen de limiter tes possibilités. Décider que tu ne recevras jamais rien de qui ou quoi que ce soit excepté ton comportement addictif et compulsif, c'est comme décider de ne faire tes courses que dans l'épicerie de ton quartier pour tout ce dont tu as besoin dans la vie. À mesure que tu retrouves confiance dans le fait que tu sais ce que tu sais, il te sera plus facile de recevoir d'autres sources que ton comportement addictif et compulsif.

Mon comportement me coupe de ma conscience. Se couper de sa conscience peut sembler être un grand soulagement. Tu n'as alors pas à gérer tout ce dont tu es conscient. Tu n'as pas à savoir que faire ou comment la gérer. Si tu as des problèmes de couple, si tu as des difficultés financières ou judiciaires, si un membre de ta famille abuse de toi, ou si tu souffres de ne trouver nulle part ta place, tu pourrais te sentir submergé. Dans ce cas, te couper de ta conscience pourrait sembler être la seule solution possible — et exercer ton comportement addictif et compulsif te le permettra certainement.

Malheureusement, tu ne peux pas couper ta conscience d'une chose sans te couper de la conscience de tout, et tu pourrais donc te couper de la conscience des personnes ou situations qui pourraient t'être dommageables. C'est l'une des raisons pour lesquelles beaucoup de gens qui ont une addiction se retrouvent dans des situations abusives. Tu pourrais te couper de la conscience de quelqu'un sur le point de te trahir, te voler, te battre ou abuser de toi et te limiter de quelque façon que ce soit.

OFFRIR ET RECEVOIR SIMULTANÉMENT[6]

La plupart d'entre nous avons appris que la vie sur cette planète, c'est une affaire de donnant-donnant, d'un prêté pour un rendu. Et qu'il faut faire le compte. Donc, si je fais quelque chose pour toi, tu dois faire quelque chose pour moi. Nous nions la conscience que lorsqu'une personne offre un cadeau, elle reçoit par le simple fait de donner. Une personne qui reçoit un cadeau donne à travers son recevoir. C'est ce qu'on appelle la simultanéité de donner et recevoir.

Et si, quand quelqu'un te faisait un cadeau quel qu'il soit, c'était véritablement fait dans l'esprit du don ? Peu de gens fonctionnent à partir de cet espace, mais certains le font. Et si tu pouvais t'autoriser à avoir et être l'énergie de recevoir ce cadeau, plutôt que d'aller automatiquement à « Ils m'ont fait un cadeau de 75 $, maintenant, je dois leur faire un cadeau de 75 $. Je dois égaliser le score » ? Cette idée te limite par tant de façons.

Ce qui est le plus limitant dans le principe d'un prêté pour un rendu c'est que cela restreint ta capacité à recevoir ce qui est offert. Si tu supposes que tout ce que les gens te donnent va te coûter, il te sera très difficile de sortir de ton comportement addictif et compulsif, parce que ton addiction est également fondée sur l'idée fausse du prêté pour un rendu. Tu as décidé que ton addiction te donnait quelque chose — du réconfort ou du soulagement parce que tu ne trouves pas ta place ou ce que c'est pour toi — et en même temps, tu sais aussi que cela te coûte. Cela va peut-être te coûter ta relation ou ton travail. Cela peut te coûter ton estime de toi et cela peut être une énorme distraction de ta vie. Quand tu es impliqué dans la réalité d'un prêté pour

6 Offrir et recevoir simultanément est un concept d'Access Consciousness®.

un rendu de l'addiction, tu penses que pour avoir la paix, le soulagement, le réconfort et tout ce qui est positif dans ta vie, tu dois payer très cher. Cependant, une fois que tu auras dépassé cette réalité d'un prêté pour un rendu pour aller dans la conscience et l'unité, tu pourras tout avoir et être sans que cela te « coûte » quoi que ce soit.

Si tu t'autorises à entrer dans l'énergie de l'offrir et du recevoir simultanés, tu pourras recevoir de tout. Parce que tout est conscient. Tu peux recevoir des arbres, tu peux recevoir des animaux, tu peux recevoir des personnes qui t'entourent. Peux-tu saisir à quel point le fait d'être ouvert à ce genre de recevoir pourrait t'expanser, toi et ton monde — et simultanément diminuer le pouvoir de ton addiction ?

Tout aussi paradoxal que cela puisse paraître, ta volonté de recevoir te crée aussi comme le cadeau. As-tu déjà fait l'expérience d'offrir un cadeau à quelqu'un en sachant que c'était exactement le cadeau pour cette personne et de te sentir si bien quand elle le reçoit ? Tu as offert un présent et simultanément, tu as reçu la joie de recevoir de l'autre personne. Et dans ce processus de recevoir, l'autre personne est devenue un cadeau pour toi.

Les animaux de compagnie sont souvent un exemple de ce qu'est offrir et recevoir simultanément. Ils te donnent tout simplement parce qu'ils le peuvent et ils reçoivent tes cadeaux sans considérer le fait qu'ils devraient te « rembourser ». C'est ce que j'aimerais que tu commences à faire aussi. Et à mesure que tu commences à recevoir de tout, du ciel, du soleil, du divan sur lequel tu es assis, des bâtiments alentour et même du trottoir, tu commenceras à voir que ton comportement addictif et compulsif n'est pas la seule chose qui puisse t'offrir ce que tu recherches. L'art, la littérature et la musique et de nombreuses autres choses sont des cadeaux pour toi, d'une manière similaire. Contempler un tableau ou lire un livre ; c'est aussi une contribution pour le tableau et le livre. Une fois encore, il s'agit de la simultanéité d'offrir et recevoir.

Il y a un autre point important concernant le « un prêté pour un rendu », et une autre raison de sortir de ce mode opératoire. Le principe de donner et prendre repose sur un jugement. Si tu juges ce que tu dois faire ou ce que tu dois rendre en retour d'un cadeau, tu ne peux pas être dans l'énergie détendue du recevoir. C'est l'une des façons dont le jugement tue ce qui est possible pour toi. Lâche le jugement associé au « un prêté pour un rendu ».

Quand tu commences à aller vers l'énergie d'offrir et recevoir, tu auras plus d'aisance avec n'importe quel comportement addictif ou compulsif parce que tu seras prêt à recevoir de tout et de tout le monde dans tout l'univers plutôt que de te limiter à recevoir de ton comportement addictif ou compulsif.

Tu peux aussi te couper de ta conscience de tout ce qui aimerait t'offrir quelque chose — l'univers, la Terre, certaines personnes et les animaux — et alors, tu es coincé dans une réalité limitée et souvent stérile.

J'ai parlé de te couper de ta conscience parce que c'est ce que nous *paraissons* faire quand nous exerçons notre comportement addictif ou compulsif. Pour beaucoup d'entre nous, c'est même cela la raison d'être de ce comportement. Pourtant, il ne s'agit que d'apparences. Quand nous exerçons notre comportement addictif ou compulsif, nous recevons en fait tout ce dont nous pourrions être conscients et parfois, en particulier avec les drogues et l'alcool, nous exponentialisons ces prises de conscience. La difficulté c'est que ces prises de conscience sont stockées dans le cortex sensoriel et ne nous sont dès lors pas disponibles. Malheureusement, elles peuvent toujours nous affecter et c'est pourquoi nous pouvons avoir des réactions singulières, illogiques et qui semblent venir de nulle part à certaines personnes et/ou situations.

Cela me permet de continuer à être une victime. Certaines choses doivent être dites concernant le fait d'être une victime. Par exemple, quand tu es une victime, tu n'as pas besoin d'être responsable de ta vie. Tu n'as pas à assumer, exiger ou agir. Tu peux être passif et inactif. Tu peux te conforter dans le fait de savoir que tout ce qui se passe dans ta vie est dû à quelqu'un ou quelque chose d'autre que toi. Tu n'as pas à être en tort.

Ta vie peut t'avoir semblé t'accabler parce que personne ne t'a vraiment donné les outils, informations ou moyens de survie qui t'auraient permis de gérer les choses avec plus d'aisance. Tu sembles ne pas pouvoir créer une vie qui fonctionne pour toi. Quand la vie te semble ainsi, choisir d'être une victime te procure un peu de soulagement. Tu peux te dire : « Eh bien, je suis victime de l'économie, de l'abus que j'ai subi enfant, de mes gènes, de mon addiction ou peu importe quoi d'autre, et comme ça, je n'en suis pas responsable. » Je comprends parfaitement cela. Quand tu es une victime, tu n'as pas à gérer ces choses difficiles.

Mais est-ce qu'être une victime fonctionne vraiment pour toi ? Est-ce vraiment réel et vrai pour toi ? Je t'invite à utiliser l'outil lourd/léger ici. Dis tout haut : « Je suis victime de mon addiction ou de ma vie. » ou ce que tu as décidé qui a fait de toi une victime. Est-ce lourd ou léger ?

Chaque fois que je me dis cela, c'est tellement lourd que je coule pratiquement dans le sol. Mais, s'il te plaît, dis-le-toi à toi-même. Tu sais ce que tu sais.

Être une victime a peut-être été ton meilleur choix pour survivre dans la vie par le passé, mais être une victime est une garantie que tu ne feras jamais le pas d'être qui tu es vraiment. Cela te condamne à une petite vie contractée.

Cela me donne un sentiment de sécurité. Les gens me disent souvent que les seuls moments où ils se sentent en sécurité c'est quand ils exercent leur comportement addictif ou compulsif. Ils sont un peu comme les enfants qui construisent un château fort avec des nappes et s'y cachent avec leur nounours avec l'idée que là, personne ne peut les « atteindre ». Tu as peut-être fait quelque chose de ce genre. Tu t'es peut-être caché sous le lit ou essayé de cacher ton corps d'une façon ou d'une autre. Ou peut-être t'es-tu simplement caché, *toi*. Ce que beaucoup d'entre nous ont fait. Nous cachons qui nous sommes — cela fait partie du processus de nous couper de parties de nous-mêmes.

Rester petit est une façon de se cacher et de chercher à rester en sécurité. C'est assez effrayant de faire le pas d'être qui tu es vraiment quand tu as été diminué, puni ou qu'on t'a donné tort d'être toi. Ce qui t'apporte un sentiment de sécurité ou un refuge — et c'est peut-être ton addiction — semble être quelque chose de positif.

Souvent, les gens choisissent l'addiction parce que cela les aide à se sentir en sécurité en n'étant pas présents. Ne pas être présents dans notre vie nous donne l'illusion que rien de mal ne peut nous arriver — et que même si cela devait arriver, nous ne serions pas suffisamment conscients pour affronter la pleine force de cette expérience. Malheureusement, ne pas être présent te rend plus prompt à être la victime de quelque chose ou quelqu'un parce que tu te coupes de la conscience des situations qui sont potentiellement dangereuses. Tu te verrouilles dans une espèce de stupeur où tu es susceptible de te faire prendre par surprise.

La seule véritable sécurité, c'est ta volonté d'être totalement conscient et de recevoir ce qui se passe autour de toi, y compris tout ce que ton corps tente de te dire. Cela peut paraître contre-intuitif, et pourtant c'est vrai. *La sécurité vient de la volonté d'être présent et conscient.*

Cela me permet de me punir d'être en tort. Si tu as décidé que tu étais en tort, cela fait sens de te punir. D'abord, cela te donne le sentiment d'avoir raison en reconnaissant que tu es en tort et en te punissant. Les gens qui ont des addictions trouvent souvent le moyen d'avoir raison en étant en tort.

Et être en tort t'aide à rentrer dans le moule de cette réalité. Tout le monde est content quand tu es en tort — parce qu'alors tu es comme eux et tu es contrôlable. Beaucoup de gens croient aussi qu'être en tort est un bon moyen de trouver la sécurité. Ils ont décidé qu'ils seraient moins une cible s'ils étaient en tort. En fait, c'est l'inverse qui est vrai, parce que quand tu décides que tu es en tort, tu affiches un panneau énergétique qui dit que tu es faible et vulnérable, et en fait tu seras plus facilement une cible.

Il n'y a pas très longtemps, j'ai commencé à travailler avec une femme qui me disait qu'elle avait une addiction à la cocaïne. Durant notre première séance, je lui ai demandé ce qu'elle aimait faire. Elle m'a répondu qu'elle adorait peindre, mais elle ne s'était pas autorisée à acheter du matériel de peinture depuis des mois parce qu'elle se punissait d'avoir dépensé tant d'argent pour la cocaïne. La première chose que je lui ai demandé de faire, c'est d'aller acheter le matériel dont elle avait besoin et de se remettre à peindre. C'est ce qu'elle a fait et elle m'a raconté que lorsqu'elle avait levé la punition et qu'elle avait commencé à bien se traiter, elle avait immédiatement commencé à perdre intérêt à la cocaïne.

Nous punir est un cercle vicieux. Nous nous punissons d'être en tort, ce qui nous cause tant de peine que nous choisissons l'addiction, et alors nous nous punissons d'avoir l'addiction et puis on utilise l'addiction pour nous punir d'être en tort.

C'est un moyen pour moi de maintenir le système familial en place. J'ai parlé de cela au premier chapitre. Ta famille a peut-être besoin que tu aies un comportement addictif ou compulsif pour maintenir le statu quo dans la famille. Beaucoup de familles ont besoin d'un bouc émissaire. Une personne que tout le monde peut pointer du doigt et accuser d'être la source de tous les problèmes dans la famille. Avoir un bouc émissaire permet aux gens de se sentir bien avec eux-mêmes. Ils n'ont pas à regarder leurs propres problèmes. Maman ne doit pas regarder à quel point elle critique sans cesse, papa n'a pas à gérer sa rage, la sœur n'a pas à voir son trouble de l'alimentation et personne ne doit se tracasser du fait que papy semble extrêmement enclin à tarabuster les enfants. La personne qui a choisi l'addiction, en particulier s'il s'agit d'alcool ou de drogue, doit souvent endosser le rôle du bouc émissaire.

Tout bouc émissaire sait que, quelque part, s'il met fin à son comportement addictif ou compulsif, le système familial dans son ensemble s'effondrera, ou la famille se retournera contre lui. J'ai vu les deux se passer. Tu pourrais penser que tu rends service à la famille en maintenant le statu quo énergétique et émotionnel. Tu pourrais voir cela comme une contribution à la famille. Tu sais que tu peux tolérer le fait d'être le problème ou le bouc émissaire, mais tu ne sais pas si ta famille sera capable de faire face à ses propres problèmes.

Aussi logique que cela puisse paraître, si tu maintiens ton addiction (et le statu quo dans ta famille), tu ne pourras jamais être le cadeau que tu es vraiment pour le monde. Si ce qui précède représente bien ta famille, chaque membre de la famille vit un mensonge et cela ne peut rien produire de bon pour personne.

Aller au-delà du jugement que ton addiction est mauvaise et terrible

Commences-tu à voir les différentes façons dont ton comportement addictif ou compulsif a été une contribution pour toi ? Tant que tu n'es pas prêt à voir ce qui est juste dans ton addiction, tu ne pourras jamais t'en débarrasser. Tu ne pourras jamais aller au-delà de ce comportement parce que tu fonctionnes à partir du mensonge qu'il n'a contribué en rien à ta vie. Ton comportement addictif ou compulsif a pourtant été une contribution pour toi. Il n'a peut-être pas été la meilleure façon de répondre à tes besoins, mais si tu peux le considérer comme le meilleur outil que tu aies eu à ce moment-là, tu seras en mesure de commencer à le remplacer par d'autres outils et à aller au-delà de ce comportement.

Reconnaître ce qui est juste dans ton addiction constitue une part essentielle de ce qui te permettra d'avancer. Une fois que tu reconnaîtras tout ce qu'elle a fait pour toi, que ce soit gérer le stress, soulager la douleur, te procurer un sentiment de réconfort ou d'aisance et de sécurité, tu seras en mesure de trouver d'autres moyens de répondre à ces besoins.

Exercice : *Qu'est-ce qui est juste dans ton addiction que tu ne saisis pas ?*

Alors, là, maintenant, note par écrit toutes les choses qui sont justes dans ton comportement addictif ou compulsif et toutes les façons par lesquelles il a été une contribution à ta vie.

En faisant cet exercice, il se peut que tu reçoives des réponses qui pourraient sembler embarrassantes, bizarres ou irrationnelles. S'il te plaît, ne les ignore pas. Note tout ce qui te vient. Il y aura des choses importantes à découvrir dans ces réponses aussi. Après avoir noté toutes tes réponses, passe ta liste en revue. Qu'as-tu appris à propos de ton comportement addictif ou compulsif? Note cela aussi.

Pour aller plus loin avec cet exercice... Plusieurs choses que tu peux faire

À ce stade, tu pourrais penser : «Je capte qu'il y a des choses qui sont justes dans mon addiction, mais qu'est-ce que ça change de le savoir ?»

Voici plusieurs choses que tu peux faire maintenant pour avancer vers le changement.

Trouve un peu de gratitude

Maintenant que tu as noté toutes les choses qui sont justes dans ton addiction, vois si tu peux avoir de la gratitude pour ce que cela a fait alors que tu n'avais pas d'autre moyen de répondre à tes besoins, désirs et aspirations. Nous aspirons tous au confort et à l'aisance, à un sentiment de paix et de sécurité, un moyen de gérer le stress et un sentiment que les choses peuvent être justes dans le monde. Si ton addiction était le seul endroit pour toi jusqu'à présent pour cela, elle a rendu un service à ta vie comme pis-aller jusqu'à ce que tu trouves un autre moyen de répondre à ces besoins et aspirations. Aie de la gratitude pour cela.

Demande : « Que pourrais-je encore mettre en place pour répondre à ce besoin ? »

Je t'invite à considérer d'autres moyens de répondre aux besoins et aspirations que ton addiction a satisfaits jusqu'à présent. Par exemple, si tu as découvert que ton comportement addictif ou compulsif était le seul moyen pour toi de recevoir du réconfort, commence à chercher d'autres moyens d'avoir cela. Il se pourrait que tu te précipites sur la première réponse comme la solution. Et c'est très bien, mais continue à poser la question parce qu'il y a toujours plusieurs façons de t'apporter un sentiment de bien-être et d'aisance.

Si le shopping t'a apporté un sentiment de réconfort, ta première réponse pourrait être de chercher un autre comportement addictif qui t'apporterait cela. Vois si tu peux trouver d'autres façons d'obtenir la détente et le soulagement auxquels tu aspires. Cela pourrait être de te confier à un vrai ami, recevoir d'un animal ou t'offrir le plaisir d'une longue balade dans la nature, un bain à bulles ou un massage. Continue à poser les questions sur ce qui pourrait fonctionner pour toi. Souviens-toi que tu ne cherches pas LA réponse qui va tout résoudre. Ce qui te réconforte aujourd'hui sera peut-être autre chose demain.

Ou disons que tu as découvert que ton comportement addictif ou compulsif t'a apporté énormément pour te soulager du stress. Quoi d'autre encore pourrait-il te soulager du stress ? Tu pourrais aller courir, nager, prendre une tasse de thé ou faire une pause dans ce que tu es en train de faire ? Même quelque chose comme l'exercice de l'événement-mensonge pourrait te soulager du stress parce qu'une majeure partie du stress repose sur les mensonges, les jugements et les conclusions que tu as adoptés.

Voici une remarque intéressante à propos du stress : on nous dit parfois qu'une situation est stressante par définition, alors nous fabriquons du stress pour nous conformer à la façon dont nous pensons que nous sommes supposés répondre à cette situation. Par exemple, perdre un être cher constitue un stress pour beaucoup de monde, mais pour d'autres cela peut être un soulagement ; ils pourraient y trouver un sentiment de paix. Pourtant, ils pourraient très bien ne pas s'autoriser à vivre leur propre réponse au décès d'un proche. Ils pourraient très bien fabriquer le stress qu'ils pensent être supposés vivre. Ils pourraient aussi endosser le stress de tous ceux qui les entourent.

Si tu as une réponse de stress à une situation, quelle qu'elle soit, tu pourrais demander : « À qui appartient ce stress ? Est-ce que je réponds de la façon dont j'ai décidé que j'étais supposé répondre plutôt que de la façon qui est vraiment vraie pour moi ? »

Demande : Est-ce que ceci est une vérité ou un mensonge ?

Il arrive qu'un besoin soit en réalité un mensonge déguisé. Par exemple, disons que tu utilises ton comportement addictif ou compulsif pour t'aider à rester victime. Tu n'as pas besoin de trouver une autre façon d'être victime. Il est beaucoup plus utile de reconnaître qu'être une victime n'est pas la vérité de qui tu es.

Un autre exemple de mensonge pourrait être le besoin de te punir d'être en tort. Si tu lâchais la punition et que tu te traitais avec bonté et attention, cela te serait très bénéfique pour t'aider à t'éloigner de ton comportement addictif ou compulsif.

Alors, en plus de demander « Que pourrais-je encore mettre en place pour répondre à ce besoin ? », tu pourrais passer en revue ta liste de choses qui sont justes dans ton addiction et demander : « Ce besoin est-il en fait une vérité, ou est-ce un mensonge ? »

Si c'est un mensonge, reconnais-le simplement et laisse-le aller. Tu n'auras plus besoin de t'en occuper. Je t'encourage à te poser ces questions tous les jours, parce que chaque fois que tu le feras, tu changeras ta conscience. Et n'oublie pas d'utiliser l'outil lourd/léger !

Je te recommande vivement de noter tes réponses chaque fois que tu poses ces questions. Tu pourras ainsi voir comment tu crées le changement.

CHAPITRE QUATRE

Mettre fin au jugement, c'est mettre fin à l'addiction

Le jugement est un pilier dans toutes les sociétés. Et c'est une part immense de ce qui maintient ton addiction en place.

Dans ce chapitre, je vais parler du jugement et de son lien avec l'addiction.

Tu pourrais te dire : « Le jugement ? Qu'est-ce que le jugement a à voir avec l'addiction ? »

La réponse est : « Absolument tout. »

Tu pourrais aussi te demander : « Que veux-tu dire quand tu dis, "mettre fin au jugement, c'est mettre fin à l'addiction" ? Tu dis cela comme si c'était facile. »

La vérité est que pour beaucoup de monde, mettre fin au jugement n'est ni aisé ni facile. Le jugement constitue le fondement de toutes les sociétés et cultures. Dès le plus jeune âge, on nous apprend ce qui est bien et ce qui est mal. « Tu es une méchante petite fille ou un méchant petit garçon ». Ce genre de jugement nous poursuit tout au long de notre vie. On doit avoir l'air comme ça, mais pas comme ça, on doit parler comme ci, mais pas comme ça, on doit faire ceci, mais pas faire ça. Et ce n'est que le début de comment le jugement s'immisce dans notre vie.

Alors que nous grandissons, le jugement prend des formes plus diverses et variées. Nous rencontrons le jugement dans la famille, chez nos amis, dans notre culture, notre religion, chez nos collègues, nos patrons, nos voisins. Nous nous alignons et accordons souvent avec ces jugements et nous essayons de nous conformer à ce qu'on nous a dit qui était « comme il faut » pour que nous puissions jouer le jeu comme tout le monde. Et ce faisant, nous nous diminuons. Nous sommes rarement conscients que nous faisons cela, parce qu'il n'est pas toujours aisé de reconnaître les jugements pour ce qu'ils sont. Cela peut être parfois très subtil.

Et si nous ne nous alignons ou ne nous accordons pas avec les jugements qui sont projetés sur nous, certains d'entre nous résistent et réagissent aux jugements et se rebellent contre eux. Nous essayons activement de ne pas faire « comme il faut » et au lieu de cela, nous essayons de nous conformer aux rôles et comportements qui ne sont pas socialement acceptables. Mais que l'on fasse l'un ou l'autre - nous accorder et nous aligner, ou résister et réagir - nous nous attachons à ce jugement, lui donnons de la signification et, ce faisant, nous perdons une part de nous-mêmes.

Quelle est la différence entre le jugement et la conscience ?

Pour clarifier ce qu'est le jugement, je vais le comparer à la conscience. Je peux dire : « C'est une belle journée », ou « Ce chien a l'air malade » et tu pourrais te demander si j'exprime un jugement ou une conscience. C'est parce que je peux dire les mêmes mots avec jugement ou avec conscience. Alors, comment faire la différence ?

Quand tu exprimes une conscience, il n'y a pas de charge énergétique. Tu n'as pas de sensation en toi de « bien » ou « mal ». Tu reconnais simplement ce qui est. Quand tu exprimes un jugement, il y a une charge. Tu as un sentiment en disant la phrase. Il peut s'agir d'un sentiment positif ou négatif, mais dans les deux cas, c'est généralement un sentiment fort.

Un jugement est toujours arbitraire

Il y a autre chose concernant le jugement. Il n'a rien à voir avec ce qui est vrai et réel. Il est toujours basé sur un point de vue arbitraire. C'est un filtre personnel, une croyance ou une opinion. Il y a cent ans, beaucoup de gens en Amérique s'alignaient sur l'affirmation « Spare the rod and spoil the child. » (Si tu te passes du bâton, tu pourris ton enfant.) En d'autres termes, si tu ne battais pas ton enfant, tu n'étais pas un bon parent. C'était un jugement. De nos jours, les gens se feraient arrêter pour maltraitance. Sur quoi était basé le jugement que les enfants devaient être battus ? Rien ! C'était juste une idée arbitraire avec laquelle les gens s'alignaient.

À peu près à la même époque, en Amérique, les femmes n'avaient pas le droit de vote. Les gens de couleur et les minorités ethniques n'avaient pas les mêmes droits que les autres. Tous ces gens étaient jugés, et parfois le sont encore, comme des « moins que rien », en tort, déviants ou indignes. Une fois encore, tout cela est arbitraire. Les jugements ne sont jamais une question de vérité, mais nous les achetons comme s'ils l'étaient. Et parce qu'ils sont acceptés par la plupart des gens qui nous entourent, il est souvent difficile de les reconnaître pour ce qu'ils sont.

J'ai grandi dans une famille académique au nord-est des États-Unis, où l'on est très porté sur les grandes et vieilles institutions académiques comme Princeton, Harvard et Yale. Mon père était professeur et scientifique dans l'une de ces universités. Il y avait de nombreux jugements dans notre famille et notre ville selon lesquels les seules choses qui comptaient, c'était le Q.I. et les réalisations académiques. Il était courant de croire que seuls les gens qui n'avaient pas un certain niveau intellectuel pouvaient s'engager dans le business. Les gens ne faisaient de business que s'ils n'étaient pas parvenus à faire leur chemin dans le monde académique. Parce que rien ne valait la peine d'être fait en dehors du monde académique. Il n'y avait absolument aucune marge pour permettre aux gens de poursuivre leurs intérêts, talents et capacités uniques.

Voilà une mentalité bien étroite, et il est inutile de te dire que j'ai ramassé des tonnes de ces jugements concernant tout ce truc académique, mais je n'ai pu voir cela que quand j'ai traversé le pays pour aller au Texas qui avait des jugements tout aussi étroits, contractés et uniformes, mais totalement différents. Peu de gens au Texas se souciaient de tes aptitudes intellectuelles, ou même que tu aies été à l'école. Pour beaucoup, tout tournait autour du sport. Il arrivait souvent qu'une ville entière se déplace pour un match de football américain. C'est ce qui était important pour eux. C'est ce qui avait de la valeur, qui était correct et avait de la signification. Et si tu étais une femme, tu devais être tape-à-l'œil. Au Texas, si tu possèdes quelque chose, tu en fais étalage.

Ni les jugements des gens du nord-est ni les jugements des gens du Texas n'encourageaient les individus à identifier et développer leurs talents et capacités uniques et à aller dans la direction où les menaient leurs intérêts, quels qu'ils soient. Je ne dis pas qu'il n'y a personne dans ces régions qui aille à l'encontre des jugements acceptés qui déterminent ce qui est valable et correct ; toutefois, beaucoup de gens reçoivent des jugements négatifs pour les choix qu'ils font, parce qu'ils vont à l'encontre de ce que la majorité a décidé qui était important.

Nous achetons les jugements comme réels et vrais à un point tel que nous ne posons plus de questions et ne sommes plus conscients des autres possibilités. Si la société dit que la priorité numéro un doit être la famille, il est difficile pour les individus qui par nature sont entrepreneurs ou artistes de se sentir libres de faire de leur art ou de leur business la priorité dans leur vie.

Débusquer les jugements que nous avons achetés requiert d'intenses efforts. Les jugements sont parfois si profondément enracinés et s'insinuent partout à tel point qu'ils sont pratiquement indétectables — jusqu'à ce que tu commences à les chercher.

Exercice : Quels jugements non reconnus as-tu achetés ?

Voici un exercice que tu peux faire pour commencer à découvrir les jugements non reconnus que tu as adoptés. Utilise les catégories et les questions ci-dessous, note quelques jugements que tu as pris de ta culture, ta famille d'origine, ton lieu de vie ou la région où tu as grandi. J'appelle cela ton héritage. Pose-toi question comme :

- Sur quoi ma famille avait-elle des jugements ou croyances ?

LES GENS RICHES	LES GENS PAUVRES
LES FEMMES	LES HOMMES
LA POLITIQUE	LA RELIGION
L'ARGENT	L'ÉDUCATION
LE MARIAGE	L'ÉDUCATION DES ENFANTS
LA NOURRITURE	LE CORPS
L'ADDICTION	CE QUI EST LE PLUS IMPORTANT DANS LA VIE

- Est-ce que je porte encore certains de ces systèmes de croyances comme s'ils étaient les miens ?
- Ces croyances et jugements sont-ils vrais pour moi ?

Souvent, les choses que nous vivons et les choses qu'on nous apprend et raconte quand on grandit ne nous semblent pas étranges, incorrectes ou outrancières, même si elles le sont. Elles semblent normales, parce que c'est ce à quoi nous sommes habitués. C'est ce que nous connaissons. Cet exercice peut t'apporter une grande liberté parce qu'il est facile de mésidentifier et mésappliquer les jugements que tu as captés enfant comme étant vrais. Si tu achètes ces jugements comme vrais et qu'ils ne résonnent pas pour toi, alors tu commences à te donner tort, et cela contribue largement à la création d'un comportement addictif et compulsif.

Exercice : un temps où tu étais jugé

Voici un autre exercice lié au jugement. Dans cet exercice, je vais te demander de te rappeler deux fois où tu as été jugé et puis je vais te demander d'observer l'énergie de ces jugements et de toute décision que tu aurais prise à ton sujet en réaction à ces jugements.

Un temps où l'on t'a jugé comme étant en tort

La première étape consiste à penser à un épisode où l'on t'a jugé comme étant en tort.

J'ai fait faire cet exercice à une cliente. Je vais l'appeler Barbara. Elle s'est rappelé une époque où elle avait environ neuf ans. Elle faisait du camping avec sa famille au Glacier National Park. Un jour de pluie, ses parents l'ont emmenée à un endroit qui vendait des articles d'épicerie, des hot dogs et des hamburgers et la famille a passé quelques heures là-bas. Barbara pensait que tout allait bien. Elle courrait dans tous les sens, parlant à tout le monde et elle s'amusait. À un moment donné, elle a remarqué que ses parents essayaient de la rappeler, mais elle ne comprenait pas. Son point de vue était : « Je m'amuse bien. Pourquoi est-ce que tout le monde ne court pas dans tous les sens et ne rit pas ? »

Quand ils sont rentrés au camping, les parents de Barbara l'ont grondée parce qu'elle était turbulente et embêtait les gens. C'est l'un des nombreux incidents dont Barbara s'est rappelé où elle avait été durement jugée et où on lui avait donné tort d'être exubérante et elle a fini par acheter ces jugements et s'est coupée d'une partie d'elle-même. Elle est devenue plus sérieuse et s'est systématiquement arrêtée chaque fois qu'elle se sentait d'excellente humeur et joyeuse.

La première fois que Barbara s'est rappelé ce voyage en camping, le souvenir avait un sentiment très très lourd. Elle a vu qu'elle avait acheté le jugement de ses parents (et le mensonge implicite qu'elle était en tort) et a commencé un processus qui consistait à étouffer sa nature extravertie et son intérêt pour les autres. Le fait de repérer la vérité qu'il s'agissait d'un jugement a allégé les choses pour elle.

Pense maintenant à un temps où tu as été jugé d'être en tort et écris tes réponses aux questions suivantes :

- Qu'est-ce que tu avais fait, ou pas fait ?
- Où étais-tu ?
- Qu'est-ce qui a été dit ou fait pour te faire sentir que tu étais jugé ?
- As-tu pris le jugement pour vrai ?
- T'es-tu aligné et accordé avec le jugement ou y as-tu résisté et réagi ?
- T'es-tu jugé d'une façon ou d'une autre ?
- T'es-tu alors changé d'une façon ou d'une autre ?
- T'es-tu diminué ?

Un temps où tu as été jugé positivement

La seconde étape de cet exercice consiste à penser à un temps où tu as été jugé positivement. Beaucoup de gens voient le jugement positif comme une bonne chose. Mais ce n'est pas toujours le cas. Il peut être aussi très limitant. Un jugement est jugement est un jugement.

Voici un exemple illustrant ceci. Quand j'avais dix ans environ, j'ai ramené un bulletin à la maison où il n'y avait que des notes maximales et mes parents m'ont dit : « Tu es formidable ! Comme tu es intelligente ! Comme tu travailles bien ! »

Ma réaction a été : « Waouh, si je veux encore de ces louanges, il faut que je m'assure de plaire à tout le monde et faire tout ce que mes professeurs me disent pour avoir des notes maximales partout. »

En choisissant de plaire aux professeurs pour avoir plus de louanges et du jugement positif que je désirais, je me suis coupée de ma conscience que certains de mes professeurs étaient franchement des idiots et que je ne m'honorais pas en faisant tout ce qu'ils disaient que je devais faire et que j'essayais d'être tout ce qu'ils disaient que je devais être.

Voici un autre exemple de la façon dont un jugement positif peut être limitant. Je travaille actuellement avec une cliente qui est belle à tomber par terre. Elle est aussi créative et gentille. Elle travaille bien avec les animaux, elle écrit merveilleusement et a des talents artistiques. Mais parce qu'on ne l'a validée que pour sa beauté, elle s'est coupée de la conscience de tous les autres éléments de qui elle est. Elle a passé un temps incommensurable à s'assurer que son apparence soit toujours parfaite. C'était devenu le point central de sa vie. Elle n'était pas appréciée ni n'a développé les parties d'elle-même qui n'avaient pas été jugées positivement. Nous y travaillons, mais elle ne saisit pas encore l'être formidable qu'elle est au-delà de son apparence.

Maintenant, repense à un temps où tu as reçu un jugement positif de tes parents ou toute autre figure d'autorité et note par écrit tes réponses à ces questions :

- Qu'est-ce qui a été jugé positivement chez toi ?
- Quel était ce jugement ?
- Qui te l'a donné ?
- T'es-tu aligné et accordé avec ce jugement ou y as-tu résisté et réagi ?
- Qu'as-tu décidé à ton sujet à la suite de ce jugement ?
- Cette décision t'a-t-elle diminué ou limité de quelque façon que ce soit ?

L'énergie du jugement/l'énergie de l'addiction

Les jugements, qu'ils soient positifs ou négatifs, nous préparent à faire les choix qui mènent à l'addiction. C'est parce qu'ils nous coupent de notre conscience de qui nous sommes vraiment et de ce qui est vraiment possible pour nous. Chaque fois que nous acceptons un jugement à notre sujet comme étant vrai, nous nous diminuons. Nous devenons limités par ce jugement. Si l'on nous dit que nous sommes beaux ou intelligents ou stupides, et que nous achetons ce jugement, nous nous identifions à cela. On pourrait peut-être aussi être un génie mathématique ou un écrivain talentueux. Nous sommes peut-être diablement drôles ou incroyablement intuitifs, mais ces choses sont écartées de la façon dont nous nous voyons. Le jugement a tendance à voir les gens en noir et blanc et à les mettre dans de petites boîtes. Il réduit l'être complexe et multifacette que nous sommes à quelques mots. Lorsque nous achetons le jugement, nous achetons une vision de nous-mêmes qui est moindre par rapport à ce que nous sommes réellement. Et cela devient notre réalité.

Rappelle-toi cette cliente qui était obsédée par son apparence. Elle est venue me voir parce qu'elle se préoccupait de son habitude de boire. Tant qu'elle ne sera pas capable de se voir de manière plus exacte, l'alcool restera un problème. Lorsque nous nous coupons de nous-mêmes à ce point, nous avons besoin d'une forme de comportement addictif et compulsif pour gérer la souffrance.

Les jugements nous mènent à l'addiction parce qu'ils nous éloignent de qui nous savons être en réalité. Nous ne nous autorisons pas vraiment à exister comme l'être que nous sommes. C'est un peu comme devenir un personnage de dessin animé ou une version sursimplifiée en un trait de crayon de nous-mêmes. Et à partir de là, il est très facile d'entrer dans l'énergie de l'addiction, c'est-à-dire un endroit où nous n'existons pas.

Le jugement de toi et de ton comportement addictif et compulsif

Il est un autre aspect par lequel l'énergie de l'addiction et l'énergie du jugement œuvrent de concert. Quand tu exerces ton comportement addictif et compulsif, tu commences probablement à te juger de moult façons, comme : « Je ne parviens pas à gérer ma vie. Je devrais être capable d'arrêter ce comportement. Je suis faible. Je fais du mal à tous ceux qui m'aiment. »

Les gens pensent qu'en jugeant leur comportement addictif et compulsif, cela leur permet de le garder sous contrôle. C'est en fait exactement l'inverse. Quand tu juges ton comportement, tu le renforces. Il tourne au cercle vicieux : le jugement de soi mène au comportement addictif et compulsif, et le comportement addictif et compulsif mène au jugement de soi — et ainsi encore et encore.

Je sais que cela te paraît contraire à ce que tu aurais pu attendre, mais si tu renonces au jugement que tu as de ton comportement addictif et compulsif, tu crées un espace où il peut changer. As-tu déjà remarqué que quand tu tentes de contrôler une personne ou une situation, c'est très dur pour toi — et la personne ou la situation ne bouge pas ? Mais si tu lâches le contrôle, tu ouvres les choses et le changement peut survenir parce que tu n'es plus aussi investi dans le résultat. Tu ne penses pas : « Je dois faire ça. Je dois obtenir ce résultat. » Et en réalité, c'est encore un jugement. Cela n'a rien à avoir avec être conscient.

Passer du jugement à la conscience

Ce que tu peux faire, c'est cesser d'être investi dans le résultat. Passer du jugement à la conscience. Plus tu es capable de faire cela, plus ce sera aisé de t'éloigner de ton comportement addictif et compulsif.

J'ai travaillé récemment avec un homme qui me disait qu'il avait un réel problème avec le jeu. Il essayait d'arrêter complètement de jouer. Il disait : « Chaque fois que je sors le soir, j'ai cet urgent désir de parier. Et je pense continuellement : « Je dois faire un pari, je dois faire un pari, je dois faire un pari. Je n'arrive pas à m'arrêter d'y penser. Cela gâche complètement ma soirée. »

Je lui ai demandé : « Comment ce serait, si tu ne jugeais pas ton désir de faire un pari ? Et si tu le faisais simplement, en pleine conscience ? »

Il m'a répondu : « Eh bien, je ne sais pas. Je continuerais probablement à faire pari sur pari. »

Je lui ai dit : « La prochaine fois que tu sors, pourquoi ne pas faire un pari — sans te juger ? Ne fais pas de jugement en te basant sur le passé pour déterminer ce qui va se passer si tu fais un pari.

Fais juste un pari, sois présent à cela, soit conscient, et vois ce qui se passe ensuite. »

Il est revenu la semaine suivante en disant : « Ce week-end, je suis allé aux courses avec quelques amis. J'ai fait un pari, et je ne me suis pas jugé. J'ai réalisé que je n'avais même pas envie d'en faire un autre. Je pariais seulement pour faire partie du lot. Je n'y prenais même pas plaisir. C'était fantastique ! »

Son choix d'être conscient plutôt que de se juger a créé un résultat totalement différent pour lui.

Le jugement exclut la conscience

Avec le jugement, il s'agit toujours d'exclure quelque chose. Tu dis : « Ceci est bien. Ceci n'est pas bien et je ne veux pas de tort ou de mal dans ma vie. » L'exclusion crée une vue faussée de ce qui se passe réellement. Et pourtant il se pourrait que quelque chose que tu as jugé comme mauvais ou comme un tort puisse s'avérer une énorme contribution à ta vie. Mais cela ne peut jamais devenir cette contribution parce que tu l'as exclu.

Je vais te donner un exemple extrême de ce que je veux dire par exclusion. J'ai récemment regardé une émission à la télévision sur le mouvement néonazi en Amérique. Il s'agit d'un petit mouvement de personnes qui pensent que seuls les hétérosexuels blancs devraient être autorisés à vivre aux États-Unis. Ils attaquent et harcèlent les Juifs, les Noirs américains, les homosexuels, les Américains asiatiques, les Latinos, les Arabes américains ou toute personne qui a des vues religieuses et politiques différentes. Étant donné la façon dont ils excluent par leurs jugements, les néonazis s'empêchent d'être conscients de l'incroyable diversité et de la contribution que ces groupes constituent ensemble. Leur monde est très contracté, limité et stérile.

Souvent, quand je parle de ne pas exclure, les gens disent « Mais Marilyn, il y a des choses vraiment atroces que je ne veux vraiment pas avoir dans ma vie ! Par exemple, je ne veux pas avoir ces néonazis autour de moi ! »

J'aimerais établir un point important ici. Ne pas exclure ne signifie pas que tu doives tout choisir. Cela veut dire que tu n'exclus rien de ta conscience. Mon univers inclut ces néonazis sans pour autant faire les mêmes choix qu'eux. Par contre, je choisis la conscience de leur existence. Ne pas les exclure de ma conscience me rend moins susceptible d'être l'effet de leur type de pensée. Je suis consciente du néonazisme, *et* je ne le choisis pas.

L'exclusion te place à un endroit où tu es vulnérable — parce que tu as exclu certaines idées, certains êtres, événements et possibilités. Quand tu exclus des choses, tu ne les empêches pas d'avoir un effet sur toi. Tout ce que tu fais, c'est exclure la *conscience* qui te permettrait de te signaler que ces choses pourraient avoir un impact sur toi.

Quand tu exclus quelque chose, cette chose peut te prendre par surprise. Par exemple, si tu dis : « Je vis dans un quartier tout à fait sûr. Rien ne pourrait m'arriver ici. », c'est un jugement. Un jour, tu sors et tu te fais agresser et tu demandes « Comment ça a pu arriver ? » L'agression n'est pas seulement *arrivée*, tu as *créé* la possibilité qu'elle se produise quand tu as éteint ta conscience. Tu as jugé que tu vivais dans un quartier parfaitement sûr et tu as exclu ta conscience de ce qui pourrait se passer. Il ne s'agit pas de devenir parano. Il s'agit de te permettre de savoir ce que tu sais plutôt que d'exclure ta conscience par le jugement.

LA FORMULE DE DÉBLAYAGE D'ACCESS CONSCIOUSNESS®

Quand j'ai commencé à utiliser les outils d'Access Consciousness® dans le cadre de mon travail avec les clients qui présentaient des addictions, j'ai remarqué qu'ils commençaient à aller mieux plus rapidement. Cela s'explique d'une part par la nature des outils. Par exemple, une fois que tu saisis l'idée derrière le « à qui est-ce que ça appartient? » tu sais que la plupart de tes pensées, de tes sentiments et émotions ne t'appartiennent pas et cela libère beaucoup d'énergie que tu utilisais avant pour essayer de réparer quelque chose qui ne t'appartenait même pas. Et une fois que tu joues aisément avec le lourd et léger, tu ne perds plus autant de temps à essayer de comprendre les choses.

L'un des outils qui changent les choses de manière encore plus spectaculaire, c'est la formule de déblayage d'Access Consciousness®. Laisse-moi brièvement t'expliquer comment elle fonctionne. Quand tu poses une question — ou quand tu te poses une question, cela fait émerger une énergie. Par exemple, si je demande « Comment était ta vie de famille quand tu étais enfant? », tu remarques une énergie qui émerge. Il n'est pas nécessaire de mettre des mots sur cette énergie. Tu peux simplement en prendre conscience et lui permettre d'être là. Souvent, les énergies qui remontent sont contractées parce qu'elles représentent les jugements que tu t'es porté sur toi-même et les événements de ta vie. Il est très utile de les déblayer. Et pour cela, utilise la formule de déblayage d'Access Consciousness® :

Tout ceci fois un dieulliard, vas-tu le détruire et le décréer totalement? Right and wrong, good and bad, POD and POC, all 9, shorts, boys and beyonds.®

La formule de déblayage est en gros, un raccourci qui te permet de déblayer l'énergie pour que tu puisses aller de l'avant. Le Dr Dain Heer d'Access Consciousness® l'a un jour décrite comme un aspirateur cosmique. Il fait « sluuuuuurp » et toutes les limitations que cette énergie représente s'en vont.

La formule de déblayage est un outil incroyablement utile quand tu as une addiction. Pour plus d'information, tu peux consulter le site www.theclearingstatement.com.

Voici un autre exemple qui pourrait t'aider à comprendre l'exclusion : imagine que tu te rendes dans une épicerie. Alors que tu parcours les allées, tout dans le magasin est inclus dans ta conscience. Tu vois tout en technicolor. Il est très clair que tu ne vas pas acheter tout ce qu'il y a dans le magasin, mais tu vois tout. C'est l'inclusion ; c'est la conscience. L'exclusion consisterait à mettre des œillères qui t'empêcheraient de voir les choses que tu as décidé que tu n'aimais pas ou que tu n'allais pas acheter. Ces choses seraient toujours là, mais ne seraient pas visibles pour toi. Vois-tu comment cela limiterait ta conscience ? Il pourrait y avoir quelque chose que tu choisirais d'ajouter à ton chariot si tu n'avais pas coupé cette possibilité.

Alors, s'il te plaît, n'exclus rien. Et sache qu'inclure tout dans ta conscience n'implique pas que tu doives tout *choisir*. Cela veut simplement dire que tu es conscient de l'existence de tout. Et n'est-ce pas toujours mieux d'être conscient ?

Quand tu sors du jugement et de l'exclusion et que tu embrasses la conscience et la question, tu commences à changer les choses et à faire basculer l'énergie. C'est ce que l'on cherche à faire — faire bouger l'énergie, sortir de l'endroit coincé et contracté de l'addiction et des endroits coincés et contractés du jugement, qui sont pratiquement identiques[7].

Le jugement est un sujet tellement vaste que je vais en parler aussi dans le chapitre suivant. Nous allons voir les formes destructives de jugement de soi que les gens qui ont des addictions font et comment commencer à se sortir de l'insanité du jugement de soi,

7 Dans ce chapitre, j'ai parlé de plusieurs formes courantes de jugement qui se présentent en relation avec les addictions. Le jugement peut aussi prendre des formes moins évidentes, et si tu choisis de lâcher le jugement, il te sera utile de pouvoir identifier aussi les façons les plus subtiles dont le jugement se présente dans ta vie. Tu trouveras des informations complémentaires dans l'Annexe à la fin de cet ouvrage.

de sa vie et de son comportement pour aller vers plus de conscience et possibilités.

CHAPITRE CINQ

L'addiction primaire : le jugement et le tort de soi

Sous chaque addiction à l'alcool, au sexe ou quoi que ce soit d'autre, une autre addiction se cache — le jugement du tort de toi.

Dans ce chapitre, j'aimerais parler d'une forme particulièrement insidieuse et destructive de jugement que les personnes qui ont des addictions utilisent souvent. Je l'appelle le tort de toi. C'est une forme de jugement continuel et compulsif de toi-même comme étant en tort, mauvais ou moins que rien. Même les addictions culturellement approuvées comme l'addiction au travail ou le perfectionnisme se fondent sur un tort inhérent. Peu importe ce qui se passe ou ce que les gens disent, tu vas automatiquement dans cet endroit où tu es tellement fautif. C'est une position par défaut, une attitude que tu prends habituellement qui ne laisse la place à aucune alternative.

Ce schéma est créé très tôt. Il est le résultat de ce qu'on a dit encore et encore, verbalement ou énergétiquement à des jeunes enfants qu'ils ne comptaient pas vraiment. Qu'ils sont d'une façon ou d'une autre en tort ou qu'ils sont mauvais, qu'ils n'ont pas leur place, qu'ils ne font pas les choses comme il faut et qu'ils doivent changer. Beaucoup de parents décident que c'est un acte de gentillesse de les faire rentrer dans un moule qui soit considéré comme normal. Malheureusement être « normal » a généralement un coût qui est celui de réprimer ou nier tout ce qui est différent et unique chez eux.

Je vais te donner un exemple qui peut paraître idiot pour illustrer ce à quoi ressemble le fait d'entrer dans le tort de toi. Mais s'il te plaît capte l'énergie de cela. Imagine un jeune cardinal, un redbird comme on les appelle au Texas. On a dit à ce cardinal dès le début de sa vie : « Tu es un cardinal et si tu veux être un bon cardinal, tu dois faire ce que les autres cardinaux de notre famille font. Tu dois rester assis sur cette branche. Tu dois chanter avec cette voix. Et on veut que tu veilles bien à avoir le bon nombre de plumes. » Tout d'un coup, ce beau bébé cardinal — au lieu d'être le cardinal qu'il est, essaie d'être le cardinal qu'il est supposé être. Il est assis sur cette branche, il regarde les autres cardinaux autour de lui et se dit, les cardinaux ont 497 plumes et je n'en ai que 362. Qu'est-ce qui cloche chez moi ? Comment faire pour avoir plus de plumes ? Ce cardinal chante autrement que moi. Manifestement, mon chant ne vaut rien. Il faut que je copie le chant de ce cardinal. Je pense que je ne bats pas mes ailes comme il faut et en plus, je ne suis pas dans le bon arbre. Tous les autres cardinaux sont dans le pin et moi je suis dans ce chêne. Oh, qu'est-ce que je fais encore de travers ? Qu'est-ce qu'il faudrait pour que je sois conforme au cardinal qu'on m'a dit d'être ? »

Peux-tu imaginer ce cardinal accumuler ce genre de jugements sur lui-même ? Le poids de son tort serait tellement énorme, qu'il tomberait probablement de l'arbre et mourrait ! Ou bien, il pourrait commencer à chercher où se réfugier, pour ne pas devoir subir la douleur d'être tellement à côté de la plaque.

N'est-ce pas merveilleux comme les oiseaux ne se jugent pas ? Chacun d'eux se trouve sur l'arbre qu'il choisit, avec le nombre de plumes qu'il a et chante son propre chant, dans sa magnificence unique sans succomber au jugement. Ils ont l'exubérance joyeuse qui vient de l'être qu'ils sont vraiment. Et c'est possible pour toi aussi. Toutefois, il y a tant de forces qui sont pointées sur nous pour nous faire rentrer dans le moule qu'il n'est pas facile pour nous de sortir de ce sentiment de tort.

Un autre élément vient ajouter de l'eau au moulin du tort de nous-mêmes, c'est notre égocentricité innée. Les enfants naissent en pensant qu'ils sont le centre de l'univers — et c'est très bien ainsi. S'ils n'avaient pas cette croyance, ils se diraient : « Maman est déprimée, Papa est en colère. Et bien, je ne vais rien leur demander pendant deux jours. » Ça ne fonctionnerait pas. Les enfants doivent être égocentriques parce qu'ils n'ont pas la capacité à satisfaire eux-mêmes leurs besoins comme les adultes. Et une part de cette égocentricité repose sur la supposition que tout ce qui arrive dans leur univers a été causé par eux. Ainsi, les enfants concluent que si quelqu'un est en colère, c'est de leur faute. Si Maman et Papa se disputent, c'est de leur faute. Si Maman est triste, c'est qu'ils n'ont pas été gentils.

L'une de mes clientes me disait que depuis qu'elle était toute petite, elle avait le sentiment qu'elle devait venir dans cette vie pour changer les choses pour sa famille et créer une différence pour eux. Vers quatre ans, elle a réalisé qu'elle ne pourrait pas accomplir cela. Personne dans sa famille n'était prêt à changer quoi que ce soit — et pour elle, le petit être égocentrique qu'elle était, cela signifiait qu'elle avait échoué. C'était de sa faute si les gens autour d'elle étaient malheureux et si personne ne changeait. Elle se rappelait clairement un jour où elle était dans la voiture avec sa mère, son père et sa sœur aînée, et elle s'est dit : « Waouh, quelle erreur j'ai fait de venir. Je pensais que je pourrais créer une différence. Comment ai-je pu me tromper à ce point ? »

L'addiction primaire

Je devine que si tu as une addiction, tu vas régulièrement dans le tort de toi. Je n'ai jamais rencontré personne qui avait un comportement addictif et compulsif quel qu'il soit et qui n'était pas accro au tort de soi. Cela se présente différemment d'une personne à l'autre, mais peu importe la manière, c'est toujours fondé sur un jugement de soi. Si tu n'en es pas totalement conscient, tu continues à aller dans le tort de toi. Tu juges compulsivement et continuellement à quel point tu es mauvais et en tort.

L'addiction au tort de soi est en fait ton addiction première. Et elle mène à ton addiction secondaire — la boisson, la cigarette, les drogues ou médicaments, le jeu, etc. L'addiction secondaire est cet endroit où les gens vont chercher le soulagement de leur première addiction à être tellement en tort. Et tant que l'on ne s'est pas débarrassé de la première addiction, il est pratiquement impossible de se débarrasser de l'addiction secondaire.

J'ai vu beaucoup de ce qu'on appelle des rechutes. C'est-à-dire des gens qui ont arrêté d'exercer leur addiction secondaire et y retournent plus tard. Ils cessent de boire, de dépenser à outrance ou de travailler quatre-vingts heures par semaine, puis ils recommencent plus tard. Cela se passe souvent parce qu'une fois l'addiction secondaire est hors du chemin, la douleur de l'addiction primaire devient trop difficile à gérer. Ils n'ont pas les outils ni l'information nécessaires pour aller au-delà de cela et ils retournent à leur addiction secondaire en recherche de soulagement. Se débarrasser de son addiction primaire du tort de soi est le chemin le plus sûr pour s'éloigner de son addiction secondaire, quelle qu'elle soit.

Un adolescent m'avait été envoyé parce qu'il était accro à la marijuana et à des coups d'éclats à l'école. Il avait clairement fait comprendre lors de sa première séance que cela ne l'intéressait pas de discuter de sa consommation de marijuana, alors nous avons parlé d'autres choses qui se passaient dans sa vie. Ses parents étaient divorcés depuis quelques années et il était critiqué dans les deux ménages pour ses résultats scolaires, sa fumette, le fait qu'il évite ses tâches ménagères, etc. Ses parents avaient fait de lui le patient identifié, celui qui avait un problème, mais il est rapidement devenu clair que la mère et le père avaient eux-mêmes de gros problèmes et comportements qu'ils n'étaient pas prêts à regarder. Lors de mes séances avec lui, je lui ai posé des questions et l'ai encouragé à regarder différentes situations de sa vie avec différentes perspectives. Était-il vraiment en tort ? Faisait-il quoi que ce soit de délétère pour la famille ? Que se passait-il vraiment ? Que savait-il être vrai ?

Au bout d'un temps, il a commencé à prendre de plus en plus confiance en lui et est devenu beaucoup plus joyeux. Il a recommencé à jouer dans son groupe et il a cessé de se juger parce qu'il ne trouvait pas sa place auprès des élèves les plus populaires de son école.

Nous n'avons jamais abordé la marijuana durant tout ce temps. Pourtant, au bout de six mois, il est venu jour en disant : « Je voudrais te raconter quelque chose qui s'est passé hier. Je rentrais à la maison en voiture avec un copain de l'école. La route est longue, environ une heure, et c'est là qu'on fume toujours nos joints. Mon copain a dit : "Prêt à allumer ?" Et je lui ai dit : "Tu sais quoi ? Pas aujourd'hui."

Mon ami m'a dit : "Waouh ! C'est cool." »

Outre le fait que mon client ait réussi à surmonter le tort de lui, j'aimerais souligner le fait que cette histoire illustre bien que le fait de récupérer d'une addiction ne consiste pas à se focaliser sur l'addiction, mais plutôt de s'éloigner de tous les mensonges et le sens de tort que tu as de toi-même pour aller vers le pouvoir et la puissance de toi.

Recevoir le jugement

À mesure que tu sors du tort de toi pour entrer dans l'espace de liberté pour être plus de toi, tu auras encore plus de jugement projeté sur toi. Chaque fois que nous changeons, cela met les autres mal à l'aise. Alors, que faire quand les autres t'envoient des jugements ? Tout d'abord, rappelle-toi qu'un jugement ne te concerne jamais. Il s'agit toujours de la personne qui juge — et c'est arbitraire. Chaque fois que tu es jugé, dis-toi : « Il s'agit d'eux et de leurs histoires. Cela n'a rien à avoir avec moi. »

Voici encore une information bien utile : les gens t'accusent de ce qu'ils font eux-mêmes. Si quelqu'un t'accuse d'être malveillant, tu peux parier que c'est lui ou elle qui l'est. Si les gens t'accusent d'être égoïste ou vulgaire, tu peux parier que c'est exactement ce qu'ils sont.

REPROCHE, HONTE, CULPABILITÉ ET REGRET

Si tu vas dans le tort de toi, le reproche, la honte, la culpabilité et le regret font probablement partie de ce que tu vis quand tu te donnes tort. J'ai rencontré des tas de gens formidables qui ne croient pas qu'ils peuvent être une contribution au monde parce que toute leur énergie est concentrée sur les choses terribles, réelles ou imaginaires, qu'ils ont faites dans le passé.

Le reproche, la honte, la culpabilité et le regret trouvent toujours leur source dans les jugements de ce qui est bien ou mal. Dans Access Consciousness®, nous les appelons des implants distracteurs[8]. Il s'agit de concepts qui ont été implantés en nous par nos parents, la culture et les organisations religieuses afin de nous contrôler. Le reproche, la honte, la culpabilité et le regret nous attachent à la société et nous empêchent d'être conscients et de savoir ce que nous savons être vrai pour nous.

8 Le reproche, la honte et le regret ne sont que quelques-uns des implants distracteurs discutés dans le cadre d'Access Consciousness, et nombreux d'entre eux sont impliqués dans les addictions. La classe Fondation d'Access Consciousness aborde les implants distracteurs en détail.

Voici un exemple de ce que je veux dire ici : quand j'avais six ou sept ans, j'étais dans un magasin et je pensais : « Oh ! Je pourrais juste mettre un peu de ces bonbons et chewing-gums dans ma poche et partir. » Et je l'ai fait. Plus tard, je me suis sentie très mal à cause de cela. Ce n'était pas la honte ou la culpabilité que je ressentais; je savais simplement que ce comportement n'était pas correct pour moi. Mon savoir était très simple et direct. C'était : « Je ne suis pas le genre de personne qui fait ça. » Si la honte et la culpabilité avaient été empilées sur moi, elles m'auraient distraite de savoir ce que je savais. J'aurais été immobilisée par le sentiment : « Je suis une mauvaise, très mauvaise personne. »

Les implants distracteurs nous distraient de notre savoir et de notre conscience et nous mettent dans le jugement que nous sommes en tort. Et tant que nous sommes dans le jugement que nous sommes en tort, nous ne pouvons pas être conscients. Quand tu fais quelque chose qui n'est pas compatible avec qui tu es, tu n'as pas besoin de passer par des tonnes de reproches, honte, culpabilité et regrets pour t'empêcher de le refaire. Tu peux simplement dire : « Ça, ça ne fonctionne pas pour moi. Je ne pense pas que je vais refaire ça. »

Disons que tu te sois mis en colère et que tu aies hurlé sur ton chien. Il y a une grande différence entre aller à : « Oh, je me sens tellement coupable d'avoir hurlé sur mon chien » et dire « Ce n'était pas bienveillant à mon égard de hurler comme ça sur mon chien, ni à l'égard du chien. Ce n'était pas mon meilleur choix. Quel choix puis-je faire maintenant ? Est-ce que je dois réparer les choses d'une manière ou d'une autre ? »

Je ne dis pas que tu ne devrais pas être conscient de quand tu choisis de faire des choses qui vont à l'encontre de la personne que tu es vraiment. Bien entendu que tu devrais être conscient de comment cela t'affecte toi et les autres êtres dans ta vie. Ce dont je parle, c'est de ne pas aller dans le jugement ou le tort. La culpabilité te ronge et te distrait de ce qui est génératif dans ta vie. Et les gens l'utilisent pour te contrôler. « Te souviens-tu de ce truc pas bien que tu m'as fait il y a dix ans ? Je n'ai jamais avalé ça. » Quel tas de merde ! Tout le monde est responsable d'aller de l'avant. C'est l'une des façons dont la culpabilité est utilisée pour contrôler les gens.

Une autre manière de contrôler par la culpabilité, c'est de faire un péché de tout ce qui est amusant et intéressant. « Tu ne devrais pas prendre plaisir au sexe. Tu ne devrais pas prendre plaisir à la bonne nourriture. Tu ne devrais pas prendre plaisir à avoir de l'argent. Tu devrais travailler à temps plein et plus. Que fais-tu là à paresser l'après-midi à prendre plaisir au soleil sur ton visage ? » La culpabilité est un excellent moyen d'encourager les gens à se flageller et de s'assurer qu'ils n'aient pas une expérience joyeuse et heureuse dans la vie.

Quand tu te surprends à être dans le reproche, la honte, la culpabilité ou le regret, reconnais que ce n'est pas qui tu es. Ce sont des distracteurs qui ont été implantés en toi pour te contrôler. Sans eux, tu deviens incontrôlable, pas hors de contrôle, mais incontrôlable. Tu as plus de chances d'être le maître de ta propre vie et de choisir qui tu voudrais être.

Si tu te retrouves avec un sentiment de reproche, de honte, de culpabilité ou de regret que tu sembles ne pas pouvoir dépasser, demande :

- À qui est-ce que ça appartient ?

Et si ça ne s'allège pas, demande :

- Est-ce que c'est un implant distracteur ?
- Si ça s'allège, alors il te suffit d'utiliser la formule de déblayage pour déblayer tout ce qui maintient ce distracteur en place.

Tu peux aussi faire l'exercice d'expansion. Quand tu t'expanses, tu permets au jugement de passer à travers toi. Plus tu t'expanses, plus tu es l'espace de toi et moins tu seras l'effet des jugements des autres.

Il est utile de souligner que les gens te jugent pour te contrôler. Le jugement est un moyen de faire rentrer une personne extraordinairement merveilleuse et absolument unique dans le moule et la conformer aux valeurs et coutumes du groupe. Mais il y a un hic : tu ne rentres pas dans le moule. Tu n'as jamais pu et ne pourras jamais, et en fait c'est un atout. Tu es différent des autres, et quand tu reconnais cela et que tu cesses d'essayer de rentrer dans le moule, tu as la possibilité de devenir l'être incroyable que tu es.

Si quelqu'un te balance un jugement qui correspond à un jugement que tu as de toi-même, tu as tendance à penser que ce jugement est correct. Dès que tu achètes le jugement de quelqu'un comme réel, tu lui appartiens. Quelqu'un pourrait te dire quelque chose comme : « Tu n'en fais pas assez. » Si tu as déjà décidé que tu étais paresseux, tu vas directement dans le tort de toi et penser qu'il a raison. Il n'a pas raison ; c'est juste son jugement qui correspondait au jugement que tu avais déjà de toi-même. Quand tu prends conscience que tu as un jugement, tu as la possibilité de le lâcher.

Acheter les jugements des autres à ton égard est toujours un choix. Es-tu prêt à choisir de ne pas valider les jugements de qui que ce soit ?

Juges-tu quelqu'un d'autre ?

Voici un autre fait intéressant par rapport au jugement. Parfois, tu pourrais penser que tu juges quelqu'un — mais ce n'est pas toi qui juges. Cette personne se juge elle-même et tu captes le jugement et tu penses qu'il t'appartient.

Un jour, je marchais derrière une femme qui était très très très grosse et je me suis surprise à penser « Ça fait beaucoup de graisse. »

J'ai dit : « Attends une minute ! Je n'ai vraiment aucun point de vue sur les corps », et j'ai réalisé que je captais son jugement d'elle-même.

Si tu as décidé que tu étais une personne qui juge, tu ne l'es probablement pas. Les gens qui jugent ne pensent jamais qu'ils jugent. Ils pensent toujours qu'ils disent simplement la vérité. Ils te diraient : « Je ne juge pas. Je sais ce qui est vrai. » En fait, ils sont jugeants, mais ils ne sont pas prêts à le voir.

Lâcher le jugement

Pourquoi résistons-nous si souvent à laisser aller le jugement ? C'est peut-être parce que nous avons acheté tellement de mensonges sur ce que fait le jugement. J'entends souvent les gens dire : « Si je ne me jugeais pas, je ne serais motivé pour rien. »

J'aimerais te poser une question : et si tu n'avais pas besoin de te motiver à partir du jugement ? Et si tu pouvais te motiver à partir du choix ? Comment ça serait ? Quand tu te motives à partir du jugement, cela te place dans le tort de toi, où tu tentes continuellement de faire mieux. Quand tu te motives à partir du choix, tout le tort s'en va. Tu fais ce que tu fais parce que tu choisis de le faire. Ce n'est pas une question de faire les « comme il faut » ou « de travers ».

J'ai aussi entendu « Si je lâche le jugement, je vais faire des choses mauvaises et terribles. »

Je demande toujours « À qui est-ce que ça appartient ? » Et puis, je demande : « Est-ce que cette phrase est vraiment vraie ? » Est-ce que cette phrase reconnaît réellement la vérité de qui tu es ? C'est le moment d'utiliser l'outil lourd/léger.

Les gens disent aussi : « Si je lâche le jugement, je serai tellement différent des autres. Je serai seul. » Et bien, c'est quelque chose qui s'avère vrai. Quand tu lâches le jugement, tu deviens très différent. Beaucoup de gens utilisent le jugement comme leur principal moyen de se connecter aux autres. On voit cela quand les fans se liguent pour une équipe sportive, ou quand le public prend parti pour ou contre des candidats à une élection ou dans la façon dont les gens créent des endogroupes et des exogroupes.

DÉVELOPPER TES TALENTS ET CAPACITÉS

L'une des choses que mes clients disent lorsque nous parlons de devenir qui ils sont vraiment, c'est : « Marilyn, je ne crois pas vraiment que ce que tu dis est possible pour moi, pas parce que les gens ne peuvent pas changer, mais parce que je ne pense pas que j'aie quelque chose à offrir. Toute ma vie, j'ai essayé de contribuer aux gens ou de leur montrer mes idées et je me suis toujours fait remballer. On me dit que je suis stupide ou pas assez bien, ou pire, on m'ignore. J'ai un sentiment que même si je me débarrassais de mon addiction, je n'aurais nulle part où aller qui ne soit ni triste ni déprimant. »

Il y a de nombreuses raisons pour lesquelles nous finissons par nous juger parce que nous n'avons rien à offrir au monde et puis nous emportons cela avec nous comme si c'était vrai. Ce n'est pas vrai ! Sache que tu as vraiment des dons. Tu as des talents et des capacités. Et en utilisant les outils de ce livre et en laissant aller tes systèmes de croyances et ce que les autres t'ont dit à ton sujet, la vie peut être expansive pour toi. Tu seras capable de te montrer de façons que tu n'as jamais imaginées.

Au lieu d'aller dans le tort de toi, commence à t'amuser avec l'idée de développer tes talents et capacités. Commence par poser des questions comme :

- Qu'est-ce que j'aimerais faire ?
- Qu'est-ce que j'aimerais apprendre ?
- Qu'est-ce qui serait amusant de faire ?
- Qu'est-ce qui m'a toujours intéressé ?
- Qu'est-ce qui m'énergise ?
- Qu'est-ce que j'ai toujours pensé que j'aimerais faire, mais que je n'ai jamais essayé ?

Va vers l'activité qui te semble légère

Amuse-toi avec ceci et commence à explorer. Découvre ce que tu aimes faire, vois ce qui t'apporte du plaisir et tu commenceras à avoir une idée de tes talents et capacités.

Sache toutefois qu'il y a des gens dans le monde entier qui commencent à lâcher le jugement. Si tu es prêt à le faire aussi, et à te montrer tel que tu es vraiment, des gens vont commencer à se présenter dans ta vie qui seront vibrationnellement compatibles avec toi, le nouveau toi, le vrai toi.

Pourtant, là, maintenant, il n'y a peut-être pas beaucoup de gens qui le sont dans ta vie, parce que si tu juges, tu es énergétiquement compatible avec des gens qui jugent aussi. Il pourrait te sembler qu'il n'y a personne au monde qui ne juge pas, mais quand tu commences à te montrer avec une énergie différente, les gens qui ont une énergie similaire à la tienne vont commencer à se présenter dans ta vie.

Regarde les raisons pour lesquelles tu as peut-être décidé que tu ne pouvais pas lâcher le jugement, parce que ces décisions t'empêchent de mettre fin à ton addiction et à lâcher d'autres comportements limitants.

Ce que tu peux faire pour lâcher le jugement

Une fois que tu prends conscience des façons dont tu rends le jugement juste, bon, nécessaire et correct, il y a des outils et des activités qui t'aideront à lâcher les jugements qui t'empêchent d'être toi en totalité.

À mesure que tu lis ces suggestions, je t'encourage à choisir les outils, exercices et activités qui résonnent en toi. Teste-les et vois s'ils t'aident à te sentir plus expansé et libre de tout jugement. Il s'agit de t'honorer ainsi que ce que tu sais être vrai pour toi.

Outil : Point de vue intéressant[9]

Et si tout dans ta vie n'était qu'un point de vue intéressant ? L'outil « Point de vue intéressant » est un outil formidable pour neutraliser le jugement et te rappeler que peu importe le jugement, ce n'est qu'un point de vue. Ce n'est ni bien, ni mal, ni bon, ni mauvais, c'est juste une croyance, une opinion, une conclusion ou toute autre forme de jugement que toi ou quelqu'un d'autre avez à ce moment-là.

Chaque fois qu'un jugement remonte pour toi, dis simplement « Point de vue intéressant que j'aie ce jugement. » Tu ne t'alignes pas et ne t'accordes pas avec ce jugement et tu n'y résistes ou réagis pas non plus. Tu le laisses simplement être pour ce qu'il est — un point de vue.

Ou si quelqu'un te dit que tu as tort pour une raison x ou y, tu pourrais te dire : « Waouh, ça c'est un point de vue intéressant. Quoi qu'il en soit, je ne pense pas que je vais l'acheter. »

Quand tu fonctionnes à partir de « point de vue intéressant », tu es en mesure d'être conscient de ce qui est plutôt que de devenir l'effet des jugements, qu'ils soient les tiens ou ceux des autres. C'est important, parce que ton point de vue crée ta réalité. Si tu n'es pas point de vue intéressant, tu t'embourbes dans le jugement. Tu te coupes de ta conscience et solidifies toute difficulté présente plutôt que de permettre à des possibilités différentes de se présenter.

J'ai récemment pris l'avion des États-Unis au Costa Rica. La file à l'immigration était très longue et j'avais une correspondance

9 « Point de vue intéressant » est un outil d'Access Consciousness.

assez rapidement. J'ai commencé à me tracasser que j'allais rater mon avion. J'ai commencé à dire « Point de vue intéressant que j'aie le jugement que je vais rater mon avion. Quoi d'autre est possible ? » Et j'ai continué à répéter cela et à poser des questions et tout d'un coup, huit autres agents d'immigration ont été transférés dans notre section et j'étais la deuxième dans la file. J'ai attrapé mon vol sans problème.

Ceci pourrait sembler être une coïncidence, mais ce genre de chose arrive tout le temps quand j'utilise l'outil « Point de vue intéressant ». Lâcher mon investissement dans ce que la situation paraît être crée un espace où d'autres possibilités peuvent se présenter.

Outil : « À qui est-ce que ça appartient ? »[10]

J'ai déjà parlé de l'outil « À qui est-ce que ça appartient ? », mais je tiens à le mentionner encore une fois dans ce chapitre parce qu'il peut être un outil fondamental quand tu travailles sur ton addiction primaire, l'addiction au tort de toi. Chaque fois que tu as une pensée, un sentiment et une émotion liée au fait que tu sois en tort, ou mauvais ou moins que rien, ne les achète pas automatiquement comme les tiens. Demande « À qui est-ce que ça appartient ? » Si ça s'allège un tant soit peu, ça ne t'appartient pas. Retourne-les simplement à l'envoyeur.

« À qui est-ce que ça appartient ? » est aussi incroyablement utile par rapport à ton addiction secondaire. L'une de mes addictions secondaires était l'alcool. Maintenant, je peux prendre un verre de vin, ou pas. Cela n'a pas d'importance. Je n'ai plus la compulsion de boire. Un jour, il n'y a pas si longtemps, je rentrais à la maison du travail, en voiture. J'avais passé une très bonne journée et il était environ 17 heures. C'était l'heure. Tout d'un coup, j'ai

10 « À qui est-ce que ça appartient ? » est un outil d'Access Consciousness

pensé : « J'ai vraiment besoin d'un verre. Un scotch bien tassé, ça serait super. »

Je me suis dit : « Attends une minute ! Je ne bois même pas de scotch. À qui est-ce que ça appartient ? » J'ai réalisé que je captais l'idée que j'avais besoin d'un verre de tous les gens qui rentraient chez eux. « Il est 5 heures, j'ai besoin d'un verre. »

Offre-toi une journée sans jugement — ou une heure sans jugement

Comment ça serait d'avoir une journée entière, ou même une heure, où tu refuses de te juger ou de juger quoi que ce soit ? Ce peut être une formidable habitude à cultiver. Dis-toi simplement : « Je m'offre une heure sans jugement de neuf à dix. » Et à chaque jugement qui remonte, dis : « Désolé, c'est mon temps sans jugement. Je n'aurai aucun jugement jusqu'à dix heures. Reviens après. » À mesure que tu pratiques le non-jugement, continue à étendre la durée de ces plages sans jugement

Passe du temps avec des gens qui sont moins dans le jugement

Prends le temps de dresser une liste des personnes principales dans ta vie. Puis note-les sur une échelle d'un à dix en fonction de leur jugement envers toi et les autres. Et puis, veille à passer du temps avec les personnes qui sont le moins dans le jugement et remarque la différence d'énergie.

Pratique le fait d'être présent

Trouve un moment où tu peux aller te balader dans la nature. Et en marchant, permets-toi d'être conscient de tout ce qui t'entoure : la sensation des pieds sur le sol, les sons, les odeurs et ce qui se passe dans ton corps. Sois aussi présent que possible. Remarque maintenant : peux-tu juger quand tu fais cela ? Non. Tu ne peux pas être présent et juger en même temps.

Un autre aspect merveilleux d'être dans la nature, c'est que la nature ne juge jamais. Alors, quand tu te balades, prends aussi conscience de l'énergie d'un environnement sans jugement.

CHAPITRE SIX

L'abus et l'addiction

Ce dont tu n'es pas prêt à être conscient te possède

Si tu as une addiction, je peux pratiquement te garantir que tu as vécu une forme de comportement abusif plus tôt dans ta vie. Je ne dis pas cela comme une invitation à blâmer quelqu'un ou rationaliser pourquoi ta vie ne s'est pas déroulée comme tu l'aurais souhaité. J'en parle parce que c'est une information utile. Une fois que tu comprends le lien entre l'addiction et l'abus et comment cela s'est manifesté dans ta vie, tu seras bien mieux en mesure d'aller au-delà de ton comportement addictif et compulsif.

Nombreux de mes clients qui ont des addictions m'ont dit : « Je ne comprends pas pourquoi je continue à exercer mon comportement addictif. Je continue à manger avec excès, je continue à travailler compulsivement ou je continue à donner tort à tout le monde, même si j'ai envie d'arrêter. Peu importe les efforts que je fais, je continue. Cela semble inconscient. »

C'est souvent le cas dans notre comportement addictif, et cela peut se passer parce que nous avons des expériences d'abus dont nous ne voulons pas prendre conscience. Je comprends que tu ne souhaites pas regarder à quelque chose qui semble aussi difficile à gérer que l'abus, et tu pourrais te demander : « Pourquoi est-ce que je devrais faire ça ? » La réponse est assez concise : parce que ce dont tu n'es pas prêt à être conscient te possède. Si tu ne veux pas être conscient de l'abus dont tu as fait l'expérience, tu essaies de l'exclure ou de le rationaliser, alors il dominera ta vie. Le fait d'être prêt à prendre conscience des abus passés crée un espace ou tu peux changer ce qui t'affecte maintenant.

Je voudrais être très claire ici. S'il te plaît, sache que je ne parle pas ici d'exhumer chaque incident ou abus de ton passé pour en faire la cause de ton addiction. Je ne dis pas non plus que tu devrais passer des semaines, des mois et des années à ruminer tout cela. Regarder ce qui était de l'abus dans ton passé n'a pas pour but de blâmer les autres ou de devenir une victime. Il s'agit de ne pas prétendre que tu es impuissant. Il s'agit de reconnaître ce qui t'est arrivé et comment cela t'a affecté — pour que l'abus ne continue plus à te posséder.

Le lien entre l'abus et l'addiction

Lorsque nous souffrons d'abus, nous voulons y échapper. Nous voulons échapper à l'abus en soi, et plus tard, nous voulons échapper aux mémoires de l'abus. Cette douleur peut paraître si immense et la perspective de devoir le gérer est si accablante que le fait de se tourner vers l'addiction semble naturel. L'addiction semble offrir un havre de paix dans lequel nous pouvons nous retirer. C'est particulièrement vrai quand nous ne bénéficions pas du soutien nécessaire pour aller au-delà de l'abus.

L'abus et l'addiction sont parfaitement complémentaires dans le sens où ils nous amènent tous deux à créer une vie plus petite. Presque toutes les personnes que j'ai connues qui ont subi des abus, particulièrement de l'abus chronique et continuel, ont créé une toute petite vie cachée. Pourquoi ? Parce qu'elles ont décidé que ce qui était petit était plus sûr. Elles vont dans un endroit contracté où elles deviennent hypervigilantes pour essayer de contrôler ce qui se passe. Le problème est qu'essayer de contrôler ce qui se passe ne leur offre qu'une illusion de sécurité, ce qui crée beaucoup de stress et bien vite, elles commencent à aspirer à un espace où elles peuvent être hors de contrôle — ce qu'offre aussi l'addiction.

Reconnaître l'abus pour ce qu'il est

Alors, qu'est-ce que l'abus ? Beaucoup de gens ne reconnaissent pas l'abus parce qu'ils pensent que ce terme d'abus ne fait référence qu'à l'abus sexuel ou aux maltraitances physiques extrêmes. Quand on leur demande s'ils ont subi des abus, ils répondent généralement « Non, je n'ai pas subi d'abus. Je n'ai été ni violé(e) ni battu(e). »

L'abus englobe bien plus que la violence physique ou le viol. Il existe de nombreuses formes d'abus qui ne sont pas toujours reconnues pour ce qu'elles sont. Alors, comment les identifier ? Au cœur de l'abus, il s'agit toujours de diminuer, dénigrer ou dévaluer l'être ou le corps. C'est l'opposé de t'honorer toi et ton corps avec respect et considération. Si tu te rappelles cette caractéristique fondamentale de l'abus, tu pourras toujours le reconnaître pour ce qu'il est.

L'abus peut être infligé par les parents, les frères et sœurs, d'autres enfants, des professeurs et des membres de la famille. Il peut aussi se produire au sein d'institutions à travers les dogmes ou les règles et règlementations des églises, fraternités, l'armée et d'autres organisations. Certaines personnes abusent simplement des autres, parce qu'elles le peuvent. Elles sont intrinsèquement méchantes et ne se soucient pas de l'effet de leur comportement sur l'autre ou cherchent activement à nuire. L'abus peut aussi être perpétré par des individus qui pensent que les autres ont besoin d'être réfrénés, disciplinés et contrôlés pour leur propre bien. Ils se sont dit et ont peut-être même honnêtement cru que ce comportement abusif contribuait au développement de l'autre. Ils n'ont pas l'intention de nuire et voient rarement le tort qu'ils causent.

Il y a un aspect de l'abus dont il est important d'être conscient. Les enfants qui ont subi des abus s'habituent à être maltraités, punis et malmenés de sorte qu'ils ne reconnaissent pas l'abus pour ce qu'il est. Cela leur paraît « normal. » Si tu ne reconnais pas l'abus pour ce qu'il est, tu n'es pas en mesure de voir les effets qu'il a sur toi et tu es susceptible de traiter les autres de la même façon. Si tu n'es pas conscient de la nature abusive du comportement, il fait simplement partie de ce que tu as appris et que tu infliges peut-être à d'autres.

Il arrive que des clients qui viennent me voir soient en conflit par rapport à leur comportement cruel envers les autres. Ils reconnaissent qu'ils sont abusifs et ils veulent y faire quelque chose, mais ils ne savent pas comment s'y prendre. Ils ont appris les schémas de comportement abusif de leur famille mais n'ont pas reçu les moyens de choisir quelque chose de différent. La différence entre ces personnes et celles qui abusent intentionnellement, c'est que les premières sont conscientes du fait que leur comportement ne colle pas avec ce qu'elles veulent être et que cela nuit aux personnes. Et elles cherchent à changer cela.

Il y a un autre point que j'aimerais souligner : rien ne peut excuser l'abus. Quel que soit le type d'abus que tu as peut-être subi, il est important de le voir pour ce qu'il est et de ne pas le minimiser ou le justifier. Parfois, les gens qui ont subi de l'abus tentent de comprendre ou de rationaliser l'abus qu'ils ont reçu en disant des choses comme : « Mon abuseur était abusif avec moi, parce qu'il a été abusé quand il était enfant. » C'est peut-être le cas dans un nombre limité de circonstances, mais généralement, l'argument ne tient pas la route. Si le fait d'être abusé entraînait le fait que les personnes abusées abusent des autres, chaque personne qui a subi un abus serait en train d'abuser d'autres personnes et nous savons que cela n'est pas vrai.

Tu es capable de dépasser l'abus

Ce chapitre sera peut-être difficile pour toi. Il fera peut-être remonter des choses que tu n'as pas envie de voir. Alors, j'aimerais te dire d'emblée ici que tu es capable de dépasser l'abus. Cela demandera un travail et tu passeras peut-être par des phases d'inconfort. Les choses pourront te sembler très intenses ou difficiles pour un temps, mais j'aimerais t'assurer du fait que tu es capable de dépasser cela. Et cela ne peut qu'être bénéfique à ta démarche de ne plus être piégé par le comportement addictif et compulsif.

Les différentes formes de l'abus

L'abus peut se présenter sous différentes formes. J'aimerais te parler de certaines des façons les plus courantes dont il apparaît :

L'ABUS VERBAL	L'ABUS PHYSIQUE
L'ABUS DE SOI	L'ABUS PSYCHOLOGIQUE ET ÉMOTIONNEL
LA NÉGLIGENCE	L'ABUS FINANCIER
LES VIOLATIONS DE LA VIE PRIVÉE	L'ABUS SEXUEL
L'ABUS SPIRITUEL	

L'abus verbal, comme son nom l'indique est simplement l'abus qui est verbalisé. Ce sont les quolibets, la critique et l'humiliation. C'est tout ce qui est dit pour te faire sentir comme moins que rien, indigne, en tort et incompétent. Il peut être très subtil, car les gens tentent souvent de masquer leur abus par des justifications. Par exemple, des parents qui justifient leur comportement verbal abusif par des déclarations comme : « Je ne te dis que ce que tu fais est mal que pour que tu puisses t'améliorer. »

Eh bien, il y a d'autres moyens d'aider les enfants (ou qui que ce soit d'ailleurs) à voir qu'ils pourraient faire des choix différents. Est-ce que la critique incessante expanse et assiste les gens ou est-ce que ça les diminue ? Au lieu de dire : « C'est une façon stupide de faire ça » ou « Tu ne fais jamais les choses comme il faut », tu pourrais demander à la personne : « Est-ce que ça produit les résultats que tu voudrais ? Non ? Je me demande s'il y a une autre approche que tu pourrais prendre. »

Parfois, les parents tentent de masquer leur abus verbal en disant à l'enfant : « Je suis dur avec toi parce que je t'aime. » De grâce, sache que quelqu'un qui t'aime vraiment ne sera jamais hautement critique ou abusif à ton égard. Les gens essaient aussi de caractériser leur abus verbal comme de l'humour. Si tu réagis à leur commentaire dégradant et dénigrant, ils demandent : « Tu ne peux même pas supporter une petite blague ? » Si qui que ce soit essaie ce stratagème de la blague avec toi, souviens-toi que les blagues sont censées t'amuser. Elles sont censées te détendre et te faire rire. Si tu vois que tu te contractes et que tu te sens plus mal, ce n'était pas une blague et ça n'a jamais été l'intention. C'était de l'abus verbal.

Une autre forme d'abus verbal est la taquinerie. Les gens qui taquinent fonctionnent à partir du faux-semblant qu'ils sont attentionnés, mais si tu as été taquiné quand tu étais enfant, tu sais à quel point cela peut faire mal et à quel point c'est intrinsèquement méchant.

L'abus psychologique et émotionnel

L'abus psychologique ou émotionnel, c'est comme l'abus verbal, mais sous stéroïdes. L'intention de casser la personne, de l'humilier, de la ridiculiser ou de la maintenir dans un état de terreur et de peur est plus forte. L'abus psychologique ou émotionnel s'observe sur le lieu de travail ou à l'école lorsque les managers ou les enseignants exposent les personnes publiquement ou les tournent en ridicule. On observe cela dans les églises ou les groupes spirituels quand les leaders religieux identifient quelqu'un comme pécheur. L'idée est de faire de quelqu'un un bouc émissaire ou un exemple pour les autres.

On trouve un exemple extrême d'abus psychologique ou émotionnel dans la façon dont les prisonniers des camps de concentration sont systématiquement cassés. On retrouve aussi couramment des formes moins intenses et pourtant toujours destructrices d'abus émotionnel dans les familles à travers des commentaires ou accusations du genre : «Je sais que tu mens. Tu mens toujours.» ou «Qu'as-tu fait hier soir? Je sais que tu as fait quelque chose de mal.». C'est là où l'abuseur te maintient dans un état de tort perpétuel qui contribue au sentiment de tort de soi que tu as de toi-même.

Il est courant de voir des gens infliger de l'abus émotionnel à des personnes qui exercent un comportement addictif. «Pourquoi dois-tu absolument manger ce bout de chocolat? Tu es déjà gros(se).» «Il fallait vraiment que tu fumes cette cigarette, tu ne pouvais pas t'en empêcher?» Ce genre de commentaire est abusif parce que l'intention est de diminuer et abaisser l'autre.

Lorsqu'on vous nargue et qu'on vous tyrannise, ce sont aussi des formes d'abus psychologique et émotionnel. Ces formes d'abus peuvent se présenter sous la forme d'un contrôle extrême de l'autre. J'ai travaillé avec une famille dont le mari conservait les clés de la voiture et la seule façon pour la femme d'avoir la voiture était de lui demander la clé, en lui disant exactement où elle allait, quand elle serait de retour et qui elle allait voir. Elle devait aussi le contacter toutes les heures à l'heure pile.

L'abus psychologique ou émotionnel consiste aussi à miner les talents d'une personne. J'avais une cliente qui, enfant, était une actrice, chanteuse et artiste en devenir. Son père faisait exprès de la faire arriver en retard à ses spectacles tout en blaguant « Ha ha, tu vas être en retard. Tu vas oublier tes répliques. » C'était une forme ouvertement cruelle d'abus psychologique.

Parfois, l'abus n'est pas aussi direct que dans les exemples qui précèdent. L'abus psychologique et émotionnel se présente souvent dans des cas de divorce, où un parent diminue et dévalorise constamment l'autre parent devant les enfants. Il peut aussi s'agir d'un parent qui encourage l'enfant à agir comme le partenaire du parent. Quand un parent utilise un jeune enfant comme confident de leurs problèmes émotionnels et romantiques ou qu'il expose l'enfant à des discussions qui ne sont pas appropriées pour les enfants, ce sont aussi des formes d'abus psychologique et émotionnel. J'avais une cliente dont le père divorcé avait commencé à l'utiliser comme confidente pour ses problèmes émotionnels et romantiques alors qu'elle n'avait que sept ans. Un enfant devrait pouvoir être un enfant et ne pas être transformé en un partenaire, thérapeute, gardien ou confident pour un parent.

Violations de la vie privée

Les violations de la vie privée sont une variante d'abus émotionnel. Quand quelqu'un lit tes e-mails ou ton journal intime ou fouille ta chambre, c'est de l'abus émotionnel parce que cela te fait passer le message que tu ne peux rien avoir qui est à toi. Tout ce que tu es est susceptible d'être inspecté par quelqu'un qui a décidé que tu devais être supervisé et surveillé. Il est difficile d'avoir un sens de la grandeur de soi quand on subit de telles intrusions. Les parents font cela avec les enfants, et parfois les maris et femmes avec leur conjoint. C'est toujours une indication que la personne n'honore pas l'autre pour l'individu qu'il ou elle est.

Les violations de la vie privée virent à l'abus sexuel quand un adulte ne respecte pas le droit de l'enfant à l'intimité de son corps.

Toutefois, une mise en garde ici. Si un parent détermine qu'un enfant est suicidaire, se drogue lourdement ou planifie quelque chose de dangereux, il est approprié d'intervenir. Il n'y a pas de règle universelle et rapide ; il faut considérer l'énergie de la situation. Est-ce que l'action est entreprise pour réellement assister l'enfant ou trouve-t-elle sa motivation dans le besoin du parent de dominer et contrôler ?

L'abus physique

L'abus physique couvre toutes les formes de pousser, bousculer, gifler ou frapper. Cela comprend être battu physiquement, frappé avec des objets, attaché ou brûlé. C'est tout ce que les gens font pour infliger de la douleur au corps de quelqu'un d'autre.

Quand je demande aux clients s'ils ont été abusés physiquement, beaucoup disent des choses comme, « Oh non, je veux dire, ma mère me frappait de temps en temps avec une ceinture, mais ce n'était pas si grave. Et une fois, mon père m'a poussée dans les escaliers, mais je le méritais. » La notion que tu mérites l'abus est un mensonge. En fait, c'est l'un des plus gros mensonges perpétrés sur les enfants qui sont abusés. « Mon père me poussait dans les armoires, parce que je le contrariais. Ce n'était pas son intention de me casser le bras. » « Eh bien, oui, mon père m'a frappé au visage et m'a cassé le nez, mais c'est parce que je lui répondais. » Aucun de ces comportements n'est acceptable. Vous ne l'avez pas mérité. Et vous n'avez pas à les minimiser, justifier ou expliquer. Vous ne méritez jamais l'abus physique — jamais.

La négligence

La négligence peut être physique ou émotionnelle. En tant qu'enfants, nous avons besoin de nourriture, d'un toit, de vêtements et d'autres nécessités physiques. Nous avons aussi des besoins émotionnels de base, comme le contact visuel, la reconnaissance, le toucher, l'attention et sentiment de compter. Si nous ne recevons pas tout cela, nous sommes négligés.

Je vois parfois des clients qui ont nombreuses des caractéristiques associées à l'abus, mais quand je leur demande s'ils ont subi de l'abus dans leur vie, ils disent que non. Quand je sonde un peu plus loin, je découvre qu'ils ont été négligés. Ils avaient de la nourriture et un toit, mais on ne les prenait pas dans les bras, on n'était pas nourriciers avec eux et on ne leur donnait pas le sentiment qu'on s'occupait d'eux. Ou bien c'étaient de ces enfants totalement livrés à eux-mêmes dès l'âge de trois ans qui devaient se débrouiller seuls.

La négligence est une forme subtile d'abus, parce qu'il ne s'agit pas de ce qu'on t'a fait, mais de ce qu'on ne t'a pas fait. Si tes besoins physiques et émotionnels de base étaient satisfaits, tu avais peut-être le sentiment d'être en tort, indésirable ou non méritant. Juste parce que quelqu'un ne te donnait pas ce dont tu avais besoin ne signifie pas que tu ne le méritais pas ou que tu n'en avais pas vraiment besoin ou que tu n'y avais pas droit. La négligence, comme l'abus physique et émotionnel est une forme d'abus importante, et ses effets peuvent être tout aussi prégnants à long terme.

L'abus sexuel

On parle d'abus sexuel quand une personne force un comportement sexuel non désiré sur l'autre. Quand des enfants sont impliqués, il s'agit du comportement d'un adulte (ou d'un adolescent plus âgé) dont l'objectif était de se stimuler sexuellement ou l'enfant. Cela inclut le toucher inapproprié, le contact sexuel ou l'exposition de son corps à l'enfant avec l'intention de gratifier ses propres désirs sexuels ou de demander ou faire pression sur l'enfant pour avoir des activités sexuelles. Cela peut aussi être le fait de montrer de la pornographie aux enfants ou d'utiliser les enfants pour produire de la pornographie.

Beaucoup de personnes qui ont été abusées sexuellement ont des difficultés dans toutes leurs relations à cause de cette violation intime. Elles n'ont peut-être pas une relation saine avec leur corps — ou avec les personnes qui sont dans leur vie. Et l'héritage d'un abus sexuel rend souvent les gens susceptibles aux comportements addictifs ou compulsifs. Si c'est vrai pour toi, sache que ce n'est pas à cause d'un tort intrinsèque que tu aurais, et tu peux le dépasser. Restaurer ta relation avec toi-même et ton corps et embrasser qui tu es vraiment sont de formidables antidotes aux effets de l'abus.

Regarder l'abus, peu importe sa forme, c'est voir ce qui est et savoir que tu sais. Il n'y a pas de conclusion universelle à en tirer. Être présent avec l'abus que tu as peut-être vécu, c'est être dans ta conscience des gens et des situations. J'aimerais te parler d'un homme extraordinaire qui a su dépasser l'abus qu'il avait vécu, parce qu'il était prêt à être dans sa conscience et à poser des questions.

Cet homme m'a raconté qu'il avait été gravement abusé sexuellement et physiquement quand il était enfant. Il avait beaucoup travaillé sur l'abus avec Gary Douglas, le fondateur d'Access Consciousness®, et il ne comprenait pas pourquoi il n'arrivait pas à le dépasser. Gary abordait l'abus de cet homme à partir de la conclusion que l'abus était une chose abominable qui ne devrait jamais arriver à un enfant. Mais, alors qu'ils poursuivaient leur travail ensemble, l'homme a dit qu'il se sentait de plus en plus comme s'il était emprisonné dans du béton. Pourquoi les choses ne s'allégeaient-elles pas ? Puis, un jour Gary lui a dit : « C'est une question folle, mais as-tu participé d'une façon ou d'une autre à l'abus que tu as vécu ? »

D'un coup, l'univers de cet homme s'est allégé et il a dit : « Oui. Je ne sais pas exactement quel rôle j'ai joué dans la création de cela, mais oui, j'y ai joué un rôle. Qu'est-ce que ça pouvait bien être ? »

Alors que Gary et cet homme travaillaient ensemble, l'homme a réalisé qu'à l'âge de six ans, il s'était exposé à l'abus pour empêcher les autres d'avoir à le recevoir. Il savait que s'il ne faisait pas cela, l'abuseur allait attaquer beaucoup d'autres enfants. En fait, il a fait le choix d'être abusé et en conséquence, il a pu agir de telle façon à ce que l'abuseur soit découvert. Finalement, l'abuseur a obtenu de l'aide et a pu transformer sa vie.

Tu pourrais te poser la même question que Gary a posée cet homme. « Est-ce que j'ai joué un rôle quelconque dans la création de l'abus que j'ai subi ? » « Est-ce que j'étais prêt à prendre l'abus pour protéger quelqu'un d'autre ? » Tu protégeais peut-être tes frères et sœurs. Peut-être savais-tu au fond de toi que si la personne abusait de toi, elle serait découverte et que cela empêcherait d'autres d'êtres abusés. As-tu une idée d'à quel point tu peux être intrinsèquement bon et attentionné par ta volonté de te sacrifier pour les autres ?

Utilise l'outil lourd/léger pour te poser cette question :

- Est-ce que j'ai joué un rôle quelconque dans la création de l'abus que j'ai subi ?

Clairement, ceci ne sera pas vrai pour tout le monde, mais si c'est léger, il doit y avoir une vérité là-dedans pour toi. Il s'agit d'être conscient et de dévoiler les mensonges que tu t'es raconté. Je tenais à poser cette possibilité sur la table pour que tu puisses la considérer, parce que si c'est vrai pour toi et que tu ne le reconnais pas, tu ne pourras pas voir les choses comme elles sont. Tu fonctionneras à partir d'une illusion ou du point de vue de quelqu'un d'autre et cela ne te libérera pas.

Si tu choisis de te faire accompagner dans ton travail par rapport à l'abus sexuel, je t'encourage à trouver quelqu'un qui n'a pas d'idées fixes concernant l'abus. En travaillant avec une personne qui n'a pas de jugements, tu pourras voir ce qui s'est réellement passé, parce que, comme le démontre cette histoire, nous choisissons parfois de créer l'abus pour empêcher l'abuseur de maltraiter d'autres. Si c'est vrai pour toi et que tu te fais accompagner par quelqu'un dont l'attitude est « C'était terrible, c'était atroce, ça n'aurait pas dû t'arriver. » Cela va créer un nœud dans ton univers. Tu ne pourras pas voir l'expérience pour ce qu'elle était réellement et tu ne pourras pas la laisser aller complètement.

Il est également important de souligner que toutes les personnes qui ont subi un abus ne réagissent pas de la même façon. Il y a de nombreux facteurs qui déterminent comment une personne va répondre à l'abus, y compris son tempérament, le fait qu'elle en ait parlé à un adulte à l'époque, le fait qu'elle ait été crue et reconnue ou pas, ainsi que la durée et la gravité de l'abus.

Il y a d'autres aspects de l'abus sexuel dont il est utile d'être conscient. Par exemple, être touché et caressé est agréable au corps et beaucoup d'enfants ressentent de la culpabilité et de la honte après un abus sexuel. Ils savent qu'il y avait quelque chose qui clochait, ils savent que l'abus n'aurait pas dû se passer et ils disent « Mais j'ai aimé ça. » Bien entendu une part d'eux-mêmes a aimé ça, parce que les corps adorent être touchés. C'est stimulant et les enfants sont très sensuels. As-tu déjà observé un bébé ? Je suis allée un jour à une fête et il y avait là un bébé de deux mois et demi dans les bras de sa mère qui l'allaitait. L'une de ses mains sur le sein de sa mère et l'autre tenant son petit pénis. Il était si heureux à cause des merveilleuses sensations dans son corps. La joie de ce petit bébé ! Nos corps aiment les sensations. Alors, si tu as été abusé sexuellement et que tu y as un tant soit peu pris plaisir, de grâce, ne te juge pas pour cela.

Un autre aspect de l'abus sexuel qui peut être perturbant est lié à notre capacité à percevoir les sentiments, pensées et émotions des gens. Les auteurs d'abus sexuels sont conscients que ce qu'ils font est mal, et ils portent souvent en eux un sentiment de honte ou de jugement, sans parler de leurs autres émotions compliquées. Les enfants mésidentifient souvent ces sentiments comme les leurs. Ils ne parviennent pas à s'en libérer tant qu'ils ne reconnaissent pas que ces sentiments, pensées et émotions n'étaient tout simplement pas les leurs.

L'abus de soi

En général, nous considérons l'abus comme quelque chose qu'une personne inflige à une autre, mais l'une des formes d'abus est l'abus de soi ou l'automutilation. Tu te coupes, tu t'affames, tu te prives, tu t'imposes des normes très rigides et très exigeantes ou tu te punis d'une façon ou d'une autre. L'addiction est un exemple classique d'abus de soi. Le jugement de soi est aussi une forme d'abus de soi, parce que le cœur de l'abus est toujours une diminution ou une dévalorisation du corps ou de l'être. Et c'est exactement ce que fait le jugement de soi. Ce peut être te dire des choses méchantes comme « Je me déteste », « Je suis stupide », « Mon corps est gros et moche », « Je suis vieux et gros », « J'ai l'air si vieux » ou toute autre chose qui te diminue toi ou ton corps. Si tu es passé à côté d'autres formes d'abus, celle-ci pourrait bien être encore très active pour toi. Je t'encourage à être conscient de la façon dont tu te traites. L'abus de soi peut être l'une des formes les plus destructives d'abus et elle a tendance à verrouiller les gens dans leur comportement addictif et compulsif.

L'abus financier

L'abus financier est une autre forme d'abus qui est souvent non reconnue. J'avais une cliente dont les parents avaient les moyens adéquats, mais à l'âge de dix ans, ils lui ont dit qu'elle était responsable de payer sa part des dépenses du ménage et ils l'ont envoyée travailler des journées de douze heures à ramasser des légumes avec des travailleurs migrants. Je reconnais qu'il y a des cas où les parents n'ont pas assez d'argent, et que les enfants doivent travailler, mais les circonstances ici étaient différentes. Cet abus était perpétré pour diminuer la petite fille et lui faire savoir qu'elle ne valait pas la peine qu'on subvienne à ses besoins.

La différence entre l'abus financier et le manque de ressources réside dans l'intention, l'énergie et l'attitude des parents. Quand les enfants savent qu'ils sont aimés et qu'on prend soin d'eux, ils ne prennent pas l'idée qu'ils sont indignes et sans valeur. Mais quand ils sont exposés à des commentaires comme « Tu nous coûtes trop cher » ou « Tu es un fardeau financier pour nous », ils peuvent repartir avec une idée déformée de leur valeur fondamentale.

L'abus financier détraque la façon dont les gens pensent à l'argent et cela renforce l'idée de rareté. Mais pire encore, parce que l'argent est tellement connecté à notre idée de la valeur des choses, les enfants qui ont subi de l'abus financier tirent la conclusion qu'ils n'ont pas de valeur et que même leurs besoins de base coûtent trop cher.

L'abus spirituel

Si on t'a dit que tu devais croire en une certaine religion ou accepter certaines croyances ou façons d'être, c'était de l'abus spirituel. T'a-t-on dit que tu allais aller en enfer si tu faisais quelque chose qui est mal aux yeux de Dieu ? C'était de l'abus, parce que cela ne t'honore pas. Mon point de vue est que toute personne qui est véritablement ton amie et bienveillante dans ta vie t'encouragera à choisir le chemin spirituel ou religieux que tu désires suivre. Celui qui est juste pour toi. Tu as la possibilité de choisir ton système de croyances. Si tu veux aller vers la conscience, tu peux choisir cela. Si tu veux suivre une religion traditionnelle, tu peux le choisir. Si tu choisis de ne pas avoir de religion du tout, c'est bien aussi.

Personne n'a le droit de te dire ce que tu devrais croire et que tu as tort si tu ne partages pas ses croyances.

Quelques facteurs qui influencent les effets de l'abus

Assez tôt dans ma carrière, j'ai travaillé dans un hôpital psychiatrique où il y avait des enfants qui avaient été abusés. Souvent, ils avaient été abusés sexuellement. Nous avons découvert que dans ces cas-là — et ceci est également inscrit dans la recherche — les enfants récupéraient beaucoup plus rapidement quand les parents, après avoir découvert l'abus, poursuivaient immédiatement l'auteur en justice et aidaient l'enfant à voir que ce n'était pas de sa faute ; que l'enfant n'avait rien fait de mal, et qu'ils ne méritaient pas d'être traités de la sorte. Quand c'était le cas, les enfants étaient capables de dépasser l'abus, même s'il avait été extrême. Mais si personne ne reconnaissait l'abus, et si l'enfant l'avait dit à un parent, mais que celui-ci ne faisait rien, ou si un parent était impliqué dans l'abus ou disait que l'enfant racontait n'importe quoi, les effets de l'abus devenaient beaucoup plus graves.

Peut-être as-tu été abusé et que tu n'as jamais parlé à personne de ce que tu as vécu. Ou peut-être l'as-tu dit, mais on ne t'a pas cru. Personne n'a dit « Tu ne méritais pas d'être traité de la sorte, et je vais faire tout mon possible pour te protéger à partir de maintenant. » Ou peut-être l'as-tu dit à quelqu'un et cette personne a dit :

« Reprends-toi. Tu es trop sensible », ou « Tu inventes », ou « Untel ne ferait jamais ce que tu racontes », ou « Tu l'as mérité. C'était de ta faute. Tu es méchant(e). » Ce genre de réponse renforce ou prolonge les effets de l'abus et te prépare à un amoindrissement qui rend le choix d'un comportement addictif et compulsif plus attrayant.

L'abus affecte ton corps et ton être

Ton corps et ton être sont intimement liés, alors, quelle que soit la forme de l'abus, tant le corps que l'être sont touchés. Par exemple, les effets à rebours de l'abus verbal ou psychologique sont souvent évidents dans le corps des personnes. Elles ont tendance à marcher en ayant l'air physiquement diminuées, avec les épaules tombantes, ou voûtées comme si elles voulaient disparaître. Et les personnes qui ont souffert d'abus physique sont souvent impactées émotionnellement et psychologiquement. Elles peuvent se retenir ou être réticentes à parler, ou manquer d'assurance.

Pour nombreuses de ces personnes, la réponse à l'abus est d'avoir décidé par exemple : « Je ne peux faire confiance à personne. Je n'ai pas le pouvoir de faire cesser l'abus. Je ne peux pas être moi si je ne mets pas des tonnes de barrières et que je ne me construis pas une forteresse et je ne suis même pas sûr d'avoir envie d'être moi de toute façon, parce qu'il est évident que je ne vaux rien, sinon, je n'aurais pas été traité ainsi. Les gens ne seront pas gentils avec moi. Je dois peut-être accepter n'importe quelle relation, situation, boulot qui vient à moi, parce que c'est tout ce que les loosers comme moi méritent. Je sais que cette personne ne sera pas gentille avec moi, mais toute attention, même si c'est de la mauvaise attention vaut mieux que pas d'attention du tout. » Vois-tu où ces décisions et conclusions créent un environnement psychologique et émotionnel où l'addiction peut sembler être une option accueillante ?

L'une des raisons pour lesquelles l'abus a tant de prise sur nous, c'est qu'il commence souvent très tôt, avant que nous ayons le concept que la vie pourrait tout être sauf abusive. Nous pensons que l'abus est normal. Voici un fait intéressant concernant l'abus : les gens qui n'ont pas été abusés quand ils étaient enfants deviennent rarement des adultes qui sont abusés. Les adultes qui n'ont pas vécu d'abus quand ils étaient enfants sont beaucoup plus susceptibles de reconnaître et rejeter les personnes ou situations abusives parce qu'ils ne ressentent pas cela comme « normal », contrairement aux personnes qui ont été abusées enfants.

J'ai eu une cliente qui est venue me voir un jour en disant : « Je ne comprends pas. Je n'arrête pas d'attirer des hommes abusifs dans ma vie. »

Je lui ai répondu : « Ce n'est pas que tu attires des hommes abusifs. Les hommes abusifs recherchent un endroit où s'installer. Ils vont aller vers Betty, puis Sarah, Mary et Ellen — et Betty, Sarah, Mary et Ellen vont toutes dire « Il n'est pas question que je sois avec toi ! »

Puis cet homme abusif vient vers toi et tu dis « Bien sûr, viens ! » Il a trouvé sa cible. Les gens qui recherchent une relation abusive recherchent des personnes qui vont accepter un partenaire abusif.

Avoir de la clarté sur ce qui est

Tandis que tu médites sur ce résumé des formes les plus courantes de l'abus, je t'encourage à regarder tout abus que tu as pu subir et à demander :

- En conséquence de cet abus, quelles décisions, jugements et conclusions ai-je pris à propos de ma vie et ce qui est possible pour moi ?

- Comment l'abus a-t-il affecté ma vie, mes relations et mon corps ?

La première étape pour dépasser l'abus, c'est toujours de reconnaître l'abus qui a eu lieu. Ce n'est pas de s'attarder sur le passé, ce n'est pas se focaliser sur comment tu as été une victime et ce n'est pas expliquer pourquoi tu ne peux pas avoir la vie que tu voudrais. Tu peux toujours dépasser l'abus et ses répercussions — mais tu dois faire le choix conscient de cela. Dans le chapitre suivant, je parle de ces effets et les moyens de dépasser l'abus.

CHAPITRE SEPT

Aller au-delà de l'abus

Si tu reconnais certains signes et symptômes de l'abus en toi, j'espère que cela t'encouragera à te poser des questions et à regarder avec un regard neuf la façon dont l'abus passé t'a peut-être attaché à ton comportement addictif et compulsif.

Il m'arrive, quand je travaille avec quelqu'un qui a une addiction, de poser la question de l'abus. Il répond en général : « Oh oui, j'ai été abusé, mais j'ai déjà réglé ça. »

Je réponds : « Si tu avais vraiment réglé l'abus, tu n'aurais probablement pas les problèmes d'addiction que tu as encore. »

Quand tu décides de choses comme : « Ça, c'est fini, c'est réglé. » Cela te sort de la question et de ce qui va te donner le plus de liberté par rapport à l'abus, ou quoi que ce soit d'autre qui te limite, c'est-à-dire la volonté d'être dans la question.

Un autre point de vue qui empêche les gens d'aller au-delà de l'abus qu'ils ont subi est lié au fait que certains abus sont subtils et quand il a fait continuellement partie de la vie de la personne, il devient « normal ». Il est difficile de le voir pour ce qu'il est. Alors, dans ce chapitre, j'aimerais aborder l'abus d'une perspective différente et parler des signes et symptômes qui indiquent qu'un abus a été présent dans la vie de quelqu'un. Si tu reconnais certains signes et symptômes de l'abus en toi, j'espère que cela t'encouragera à te poser des questions et à regarder avec un regard neuf la façon dont l'abus passé t'a peut-être attaché à ton comportement addictif et compulsif.

Reconnaître les signes et symptômes de l'abus Survivre plutôt que de prospérer

L'un des signes d'abus passé est de survivre plutôt que de prospérer. La survie c'est se focaliser sur juste arriver à passer la journée, la semaine, le mois. Il y a toujours une anxiété concernant la vie — parce que l'idée de la survie, c'est que tu ne vas peut-être pas survivre. Survivre, c'est ne pas savoir si tu seras en sécurité dans le monde. C'est ne pas savoir si tu peux te faire confiance. Tu n'as pas le sentiment que l'univers te soutient ou que la vie est abondante. Tu as une existence assez stérile et contractée. Si tu es en mode survie, tu n'as probablement pas beaucoup de joie dans ta vie, parce que la joie est considérée comme un luxe.

Prospérer, c'est savoir que tu peux créer la vie que tu désires. Il s'agit d'expansion, de joie et d'un sentiment que tout est possible. Prospérer, ce n'est pas posséder un nombre incommensurable de choses. C'est savoir que l'univers est un endroit abondant et bienveillant. Einstein aurait dit : « La question la plus importante pour les gens c'est : « L'univers est-il bienveillant ? » Survivre apporte la réponse non. Prospérer, c'est savoir que la réponse est oui.

Alors, s'il te plaît, regarde si tu prospères ou si tu ne fais que survivre.

Se voir comme l'effet des autres et des circonstances

L'une des choses que j'ai constatées, et c'est lié à l'idée de survivre ou de prospérer, c'est que les gens qui ont été abusés ont tendance à se voir comme l'effet des autres et des circonstances. Ce qui n'est pas difficile à comprendre si tu es un enfant qui avance joyeusement dans la vie et qui se retrouve d'un coup battu, abusé sexuellement ou cruellement critiqué. Ce type de traitement, quand il se produit sur une période de temps, t'encourage à te voir comme l'effet des gens et des choses plutôt que de te voir comme le créateur de ton expérience.

Parfois, quand je parle aux gens qui se voient comme l'effet de la vie, je suis frappée par le fait qu'ils sont comme un ballon de plage au milieu de l'océan pendant un orage, dans le sens où ils n'ont aucun sentiment de contrôle dans aucun aspect de leur existence. C'est comme s'ils étaient ballotés d'une vague à l'autre. Ils ne sont pas conscients qu'ils peuvent affecter leur vie ou leur futur d'une façon ou d'une autre.

Les enfants n'ont pas le contrôle de leur vie comme les adultes, et beaucoup d'adultes qui ont été abusés quand ils étaient enfants peuvent encore fonctionner à partir de cet endroit où ils n'ont pas le contrôle. J'aimerais te poser une question : est-ce qu'à un niveau ou à un autre, tu peux faire des choix qui vont modifier tes circonstances et créer un futur que tu aimerais vraiment avoir ? Ou bien es-tu coincé dans l'idée que tout t'arrive dans la vie ?

Parfois, quand je pose cette question, les gens disent : « Waouh, je n'avais même pas réalisé que j'étais coincé dans cette idée. » C'est pour cela que je tiens à y amener ton attention. Si tu te vois comme l'effet des gens et des situations, cela t'empêche de créer le futur que tu désires. Tu cherches toujours à voir ce qui va se passer, comment cela va t'affecter et quels sont les choix ou options limités qui se trouvent dans ton cadre de référence restreint. « Je suis conscient. Je peux être le créateur de ma vie » est une approche beaucoup plus positive et productive.

Quand être l'effet des gens et des circonstances devient une façon fondamentale d'être dans le monde, cela conduit souvent à un comportement addictif et compulsif. Tu choisis habituellement d'être l'effet d'une substance ou d'un comportement plutôt que d'être présent et de t'occuper de la situation et des circonstances de ta vie. Vérifie comment tu fonctionnes dans ta vie et remarque quand tu te soumets à l'effet d'une substance ou d'un comportement pour éviter quelque chose. Au lieu de faire cela, tu peux demander : « Comment pourrais-je changer ceci ? » ou « Qu'est-ce qu'il faudrait pour choisir quelque chose de différent dans cette situation ? »

Récemment, une amie a découvert que son père avait un cancer au stade terminal. La majorité de la famille est allée dans le traumatisme, le drame et le chagrin de la situation, mais mon amie a fait le choix de ne pas faire cela. Elle a choisi autant de joie, d'aisance et de bonheur qu'elle pouvait pour son père et les derniers jours de la famille avec lui. Grâce à son choix, la famille a pu entrer dans un endroit empli de gratitude pour le père. Le père a pu recevoir toutes les reconnaissances de tout ce qu'il représentait pour la famille et personne n'a dû vivre à partir de « c'est atroce, c'est terrible ». Ils ont tous vécu la joie et la paix durant les derniers jours du père.

Durant la Grande dépression des années 30 aux États-Unis, beaucoup de gens ont décidé que c'était une « situation terrible. Je vais être pauvre. Je suis l'effet de ces circonstances. » Mais certaines personnes sont devenues extrêmement riches pendant la Dépression parce qu'elles ont refusé d'être l'effet d'une économie en crise. Ce ne sont pas des gens qui ont démarré avec de la richesse, mais plutôt des personnes qui étaient prêtes à chercher des possibilités qui n'existaient pas auparavant. Elles partaient d'un endroit où elles savaient qu'elles pouvaient générer et créer quelque chose au-delà de ce dont tout le monde avait choisi d'être l'effet. À un certain niveau, ils se sont demandé : « Qu'est-ce qui est possible ici ? » et « Qu'est-ce qu'il faudrait pour que je gagne de l'argent ? »

Être une victime

Se voir comme une victime est très similaire à être l'effet des autres. Je comprends que parfois il te semble que tu aies été la victime du comportement de quelqu'un ou d'une circonstance de ta vie, mais je t'encourage à ne pas acheter la « victime » comme une identité et à ne pas continuer à utiliser ton expérience passée comme une excuse pour ne pas te montrer dans ta vie.

L'éléphant dans un magasin de porcelaine

L'éléphant dans un magasin de porcelaine, c'est quelqu'un qui écrase tout. Ces personnes ne se préoccupent pas des autres, et qui laissent beaucoup de vaisselle cassée dans leur sillage. Cela peut arriver quand la réponse d'une personne à l'abus est de décider : « Ce monde est abusif et je serai aussi insensible que les autres l'ont été avec moi ». L'éléphant dans un magasin de porcelaine, c'est l'autre versant de la victime. Les deux sont des positions solidifiées à partir desquelles une personne choisit de fonctionner. Aucune des deux n'offre la liberté d'aller au-delà de l'abus.

L'hypervigilance

Quand tu es hypervigilant, tu es dans état constant de surfonctionnement physique. C'est un peu l'état dans lequel tu serais si tu étais pourchassé par un animal sauvage. C'est comme si le monde était dangereux et que tu étais en permanence à l'affût de menaces à ta survie. L'hypervigilance n'est pas de la conscience et c'est une lourde charge pour ton corps. L'antidote à l'hypervigilance est la volonté d'être conscient.

L'état de stress post-traumatique (ESPT)

Un autre signe de l'abus en psychologie, c'est ce qu'on appelle l'état de stress post-traumatique. Les énergies des événements traumatiques sont verrouillées dans le corps et le cerveau. Les gens qui souffrent d'ESPT ont des flash-back d'événements fortement traumatisants qu'ils ont vécus. Ils revivent le passé comme si celui-ci se présentait à nouveau dans le présent, encore et encore. Ils ont tendance à être émotionnellement coupés des autres et portent en eux le sentiment d'être constamment en danger. Ils se tournent souvent vers des comportements addictifs et compulsifs pour trouver un peu de soulagement à leur douleur.

Il existe de nombreuses façons efficaces de gérer l'état de stress post-traumatique. L'une des actions les plus précieuses que j'aie découvertes combine deux processus corporels d'Access Consciousness® qui sont pratiqués par des facilitateurs d'Access Consciousness® : les Bars et les Systèmes séquentiels triplement rabattus[11].

Le mari d'une femme en Australie avait été impliqué dans des combats dans le cadre des forces d'opérations spéciales dans la marine australienne.

Il souffrait beaucoup de cet état de stress post-traumatique qui était parfois déclenché par ses rêves. Il se mettait à donner des

11 Si tu veux en savoir plus sur ces processus corporels, tu peux trouver un facilitateur d'Access Consciousness® près de chez toi en consultant le site web d'Access Consciousness® renseigné à la fin de cet ouvrage.

coups de poing à sa femme en pleine nuit. Elle a commencé à activer les Bars avec les Systèmes séquentiels triplement rabattus et il a trouvé tellement de paix et de soulagement que ses camarades d'armée lui ont demandé : « Qu'est-ce que tu fais ? Tu es tellement différent ! »

Quand il leur a dit que sa femme faisait des processus sur lui, ils se sont fortement intéressés et elle a fini par faire ces processus à tous les soldats de sa division — ce qui a créé d'énormes changements pour eux.

Être coincé dans l'idée que tu n'es pas assez bien

Une autre caractéristique des personnes qui ont été abusées, c'est qu'elles ne voient pas le cadeau et la contribution qu'elles sont dans le monde. Même si d'autres voient le potentiel qu'elles ont ou le cadeau qu'elles sont, la personne qui se vit comme pas assez bien ne peut recevoir cette information. Est-ce que c'est vrai pour toi ? Si oui, sache que l'idée que tu n'es pas assez bien est simplement un autre de ces jugements arbitraires qui renforcent le tort de toi. C'est une croyance à partir de laquelle tu fonctionnes, et c'est probablement dû à l'abus que tu as subi. Tes jugements de toi-même ne sont pas une vérité sur toi — et tu peux les changer.

Ce sont là quelques-uns des signaux qui indiquent qu'un abus a été présent dans ta vie. Si tu reconnais l'un de ces signaux ou symptômes chez toi, cela peut être une indication que tu subis encore les conséquences de l'abus dans ta vie.

Ce que tu peux faire pour aller au-delà de l'abus

Assure-toi que l'abus n'est plus en cours

Si tu as eu de l'abus dans ton passé, il est probable que tu choisisses d'être avec des personnes abusives à présent, parce que cela te semble normal. Il se pourrait par exemple que tu reçoives de l'abus verbal en permanence de ton partenaire, de collègues, d'amis ou de membres de ta famille.

L'une de mes clientes, Susan, a vécu de l'abus verbal et émotionnel dans son enfance. Au départ, elle n'avait pas conscience que l'une des conséquences de cela était qu'adulte, elle avait choisi des « amis » qui la dénigraient. Cela ne voulait pas dire que ces personnes n'avaient pas de bons côtés ni que Susan ne s'amusait pas avec eux, mais ces « amis » semblaient toujours trouver un moyen d'avoir le beau rôle et laisser Susan se sentir moins que rien. Quand Susan a finalement pris conscience que leur comportement était abusif, elle a pu s'honorer en laissant ces soi-disant amitiés se dissiper. Ce qui fut d'abord perturbant pour elle parce qu'elle n'avait pas beaucoup d'autres amis, mais elle a progressivement commencé à inviter dans sa vie des gens qui ne la jugeaient pas. De vrais amis, qui l'honoraient et la soutenaient et qui célébraient ses victoires et ses succès.

Regarde ta vie maintenant :

- Est-ce que les personnes qui sont dans ta vie te soutiennent vraiment et te renforcent dans ton pouvoir ? Ou est-ce qu'elles te jugent ?
- Est-ce qu'elles te diminuent et te dénigrent d'une façon ou d'une autre ?

Si tu as quelqu'un dans ta vie qui est abusif, tu peux choisir de reconnaître que c'est le cas et de maintenir la relation avec lui ou elle, mais je te suggère de considérer de t'éloigner de cette relation, peu importe sa nature.

Certaines personnes justifient parfois qu'elles abusent de toi en pointant tous leurs traits formidables ou toutes les bonnes choses qu'elles ont faites. Ne te laisse pas prendre à ce piège d'acheter leur justification. L'abus est de l'abus, même s'il y a des aspects positifs dans une relation. Tu n'as pas à rester dans une relation où tu cherches comment le bon compense le mauvais. Qu'il s'agisse d'un ami, d'un membre de la famille ou de quelqu'un d'autre, je t'encourage à sortir de cette situation abusive dès que possible.

Il n'y a aucune raison ou justification à laisser quelqu'un abuser de toi.

Observe activement la gentillesse

Si tu réalises que tu as gravité autour de personnes qui sont abusives, sache que tu peux choisir de changer ça. Le premier pas est de commencer à remarquer comment ces personnes se traitent l'une l'autre. Observe les relations qui sont très différentes de celles auxquelles tu es habitué. Remarque les personnes qui sont attentionnées. Demande aux gens : « Qui connais-tu qui est gentil ? À quoi cela pourrait-il ressembler ? Demande à l'univers : « J'aimerais rencontrer des personnes qui me soutiennent vraiment, qui soient de vrais amis. Qu'est-ce qu'il faudrait pour que cela arrive ? » et commence à chercher ça.

Tu peux aussi voir des exemples de gentillesse et d'attention en regardant la télévision et des films ou en lisant des livres. Observe désormais activement la gentillesse. Puis, tu peux la rechercher. Cela pourra te sembler étrange et même inconfortable pendant un certain temps, mais tu peux malgré tout viser cela, et changer l'énergie qui a créé l'abus dans ta vie. Et voici l'essentiel : tu sais au fond de toi, même si tu l'as nié, quand quelqu'un est gentil ou abusif avec toi. Alors, suis ce que tu sais.

Si l'abus n'a plus lieu, reconnais que c'est fini

Tu es à un endroit différent maintenant. Cela paraît logique, mais beaucoup de gens ne le comprennent pas. Ils agissent comme si l'abus avait toujours lieu. Ils continuent de fonctionner à partir de l'hypervigilance. Une fois que tu t'autorises à savoir que l'abus est effectivement terminé, c'est comme si tu ouvrais une porte sur un futur différent.

Regarde si tu invites encore l'abus

Si l'abus continue dans ta vie, il y a autre chose à aller regarder. Ce n'est peut-être pas une question facile à te poser, mais elle est vitale : est-ce que tu invites l'abus dans ta vie ? Le fait que tu as été abusé ne signifie pas nécessairement que tout le monde en ait après toi. Parfois, les gens qui ont été abusés créent et invitent effectivement l'abus.

Souvent, les personnes qui ont eu une enfance abusive créent consciemment ou non les mêmes circonstances abusives dans leur mariage ou d'autres relations. Je n'essaie pas de faire de reproche à la victime ici, mais il est important d'aller voir si tu recrées l'abus que tu as expérimenté par le passé. Il ne s'agit pas simplement du type de personnes avec qui nous créons des relations. C'est aussi ce que nous leur disons et leur apprenons, énergétiquement et verbalement, sur la façon dont ils devraient nous traiter.

J'ai travaillé un jour avec un client qui avait récemment divorcé. Je lui ai demandé pourquoi il avait quitté sa femme. Il a dit : «Je n'ai jamais frappé personne dans ma vie. Mon ex-femme a été trois fois dans une relation physiquement abusive avec des hommes avant de me rencontrer et énergétiquement et verbalement, elle continuait à me pousser à la frapper. C'était comme si elle devait prouver que c'était ça que les hommes font — ils abusent des femmes. Le jour où j'ai levé mon poing pour la frapper la première fois, je me suis arrêté et je suis sorti de la maison. C'était la fin de notre mariage.»

Pose des questions

Pose de nombreuses questions concernant les conclusions et décisions que tu as tirées et prises à propos de l'abus. Remets en question les systèmes de croyances que tu as achetés des gens de ton entourage. Demande :

- Les conclusions, décisions et croyances que j'ai à propos de l'abus sont-elles effectivement les miennes ? Ou appartiennent-elles à quelqu'un d'autre ?

Ce qui te permettra de voir ce qui est vrai pour toi. Et c'est important.

Une autre question que je t'encourage à poser :

- Quel cadeau ai-je reçu à travers l'abus que j'ai vécu ?

Ceci est un peu similaire à «Qu'est-ce qui est juste à propos de ton addiction ?» Quand tu commences à voir les aspects positifs et négatifs de quelque chose, tu t'ouvres à plus de possibilités. Mais sois aussi ouvert à ce que cette expérience a facilité pour toi et les autres dans le monde.

- Est-ce que ton expérience de l'abus t'a donné la conscience requise pour créer une différence dans le monde ?

- Est-ce qu'elle a fait de toi une personne plus forte ?
- As-tu exigé de toi-même de faire quelque chose pour t'assurer que cela n'arrive pas à d'autres ?
- Ou bien as-tu exigé de toi-même de toujours traiter les autres en les honorant et en les respectant, ce qui est la façon dont tu aurais dû être traité, mais ça n'a pas été le cas ?

Pose-toi ces questions et les questions qui pourraient te venir à l'esprit. Tu constateras peut-être qu'il y avait dans l'abus que tu as vécu un cadeau totalement inattendu.

Exerce-toi à dire *non*

Beaucoup d'enfants apprennent de l'abus, quelle que soit sa forme, qu'ils n'ont pas le contrôle de leur vie. Ils sont l'effet des autres et ils n'ont pas le droit de dire *non.* Est-ce vrai pour toi ? As-tu encore du mal à dire non ? Crois-tu que tu n'as pas le droit de dire *non* ? Tu sais quoi ? Tu as le droit de dire *non.* Tu peux dire non d'une multitude de façons. C'est quelque chose que tu peux pratiquer et où tu peux finalement exceller.

Prends l'habitude de dire *non* à quelqu'un ou quelque chose chaque jour. Il peut s'agir de quelque chose de tout à fait anodin et cela peut être fait poliment. Dans un restaurant, tu peux dire : « Non merci. Je ne prendrai pas de café. » Tu peux répondre à une invitation : « Non merci, ça ne m'intéresse pas d'aller voir ce film. » Tu peux dire *non* à une demande : « Non, je ne pourrai pas promener ton chien pendant ton absence. » Ou bien, tu peux te dire non à toi-même : « Non, je ne vais pas manger de portion supplémentaire de crème glacée. »

Une autre façon de dire *non,* c'est d'affirmer : « Je suis désolé, cela ne fonctionne pas pour moi. » Il n'est pas nécessaire pour autant de confronter l'autre ou à le pousser à la défensive. Tu ne dois aucune explication pour tes réponses. Et si quelqu'un essaie de te mettre la pression pour que tu t'expliques, tu continues simplement à dire : « Je suis désolé, ça ne fonctionne pas pour moi. » L'une des plus grosses erreurs que nous faisons, c'est de croire que nous devons des explications, des raisons et des justifications pour nos réponses, en particulier quand on décline quelque chose. Mais la vérité, c'est que tu ne leur dois rien du tout.

« Je suis désolé, ça ne fonctionne pas pour moi » ne sera peut-être pas assez fort pour arrêter certaines personnes, et c'est dans ces moments-là que tu dois t'affirmer et dire : « Non, je ne ferai pas ça. » Mais « Je suis désolé, ça ne fonctionne pas pour moi » est un bon point de départ. Essaie et vois ce que tu peux faire avec ça.

Ce qui peut aussi être utile, c'est de t'exercer à travers un jeu de rôle ou de t'exercer devant le miroir. « Non, maman, je ne reviendrai pas pour Noël cette année. » « Non, je ne recevrai pas ces personnes aujourd'hui. » Si tu as un ami qui te soutient et qui ne te juge pas et ne te critique pas, demande-lui de t'exercer avec lui ou de faire un jeu de rôle avec lui. Il ne s'agit pas de dire non à coup d'adrénaline, mais à partir du sentiment que tu as un réel choix.

La capacité à dire non est cruciale pour que tu puisses te montrer dans le monde en tant que toi — et c'est crucial pour dépasser l'addiction ; et cela inclut aussi (au moins au début, quand tu t'exerces encore) dire non à des circonstances que tu sais qui risquent de déclencher ton comportement addictif et compulsif.

Je travaillais avec une cliente qui avait un problème d'excès alimentaires et de boisson, et elle s'en sortait bien depuis trois semaines. Puis, un jour, elle m'a envoyé un e-mail disant qu'elle avait totalement échoué et elle se jugeait terriblement parce qu'elle était allée à une fête et elle s'était pris une cuite. Quand je lui ai demandé quelles étaient les circonstances, elle m'a dit qu'elle savait d'avance que chaque élément de la soirée allait offrir un déclencheur pour ses excès : le type d'aliments, la quantité de nourriture et les gens qui étaient là. Ce qui en est ressorti, c'est qu'elle a pris conscience que durant les premiers temps de son travail pour régler ses problèmes d'excès alimentaires, ce n'était ni une aide, ni bienveillant à son égard de se mettre dans des situations qui risquaient de déclencher son excès. Ne te condamne pas à l'échec. Ton comportement addictif et compulsif est avec toi depuis longtemps. Alors, accorde-toi le temps, l'espace et l'environnement nécessaires pour le dépasser. Il te faudra peut-être donc dire non à des situations qui pourraient être des déclencheurs.

Écoute les audio et les enregistrements des classes sur l'abus

Tu trouveras dans la boutique d'Access Consciousness® plusieurs produits audio et enregistrements de classes sur le déblayage de l'abus.[12] Beaucoup de gens ont bénéficié d'une grande guérison et d'un grand changement à l'aide de ces enregistrements. Je t'encourage à utiliser l'outil lourd/léger pour voir si l'un deux pourraient t'aider à déblayer les problèmes liés aux abus passés.

Reçois du travail corporel

Beaucoup de personnes qui ont vécu de l'abus, particulièrement de l'abus physique ou sexuel, n'aiment pas que leur corps soit touché. Mais quand tu te sens prêt pour cela, considère de recevoir du travail corporel que tu trouveras agréable et ton corps aussi. Cela peut être très utile et guérisseur pour toi, parce que quand nous subissons de l'abus, nous avons tendance à le verrouiller dans notre corps.

12 Le site web d'Access Consciousness est renseigné dans la section « Ressources » à la fin de cet ouvrage.

J'ai utilisé les processus corporels d'Access Consciousness®, avec beaucoup de succès, pour m'aider à soulager la douleur et les effets à long terme de l'abus. Il existe d'autres modalités aussi. Trouve celle qui fonctionne vraiment bien pour toi.

Détruis et décrée le passé

Voici un autre exemple simple, mais très puissant de ce que tu peux faire : utilise la formule de déblayage pour détruire et décréer ton passé. Imagine à quel point ce serait libérateur si tu pouvais détruire et décréer tout le bagage — les décisions, croyances et autres formes de jugement — que tu as emporté avec toi de tes expériences passées, y compris l'abus passé. Si tu es prêt à laisser partir ton passé, tu peux avoir un futur complètement différent.

Tous les matins et/ou tous les soirs, dis simplement :

Tout ce avec quoi je me suis aligné et accordé et tout ce à quoi j'ai résisté et réagi jusqu'à cet instant, tout ce que j'ai solidifié et rendu réel, maintenant, je le révoque, rétracte, abroge, revendique, renonce, dénonce, détruis et décrée totalement. Right and wrong, good and bad, POD and POC, all 9, shorts, boys and beyonds™.

Sache maintenant que tu ne peux pas détruire et décréer quoi que ce soit qui est réellement vrai. Ce que tu détruis et décrées, ce sont les mensonges, les non-vérités, les jugements et systèmes de croyances que tu as adoptés par le passé et qui te limitent dans le présent.

Outil : ça, ce n'est pas moi

Un outil que tu peux utiliser quand tu te retrouves en train de te référer au passé et que tu souhaites devenir plus présent, c'est de te dire : « Ça, ce n'est pas moi. » Tu n'es pas la même personne que tu étais quand tu as subi l'abus. Même si tu parles du passé d'il y a dix ou vingt secondes, tu n'es plus la même personne qu'à ce moment-là. Tu as changé énergétiquement et l'environnement a changé aussi. Alors, chaque fois que tu remarques que tu fais référence au passé, rappelle-toi tout simplement : « Oh ! Ça, ce n'est pas moi. »

Pratique la gratitude chaque jour

As-tu remarqué que l'énergie de la gratitude est très expansive, à l'inverse, l'énergie du ressentiment et du reproche est très contractive ? Pratiquer la gratitude peut t'aider à créer un futur très différent de ton passé.

Je ne parle pas d'avoir de la gratitude pour ta santé ou d'autres grandes choses. Je te suggère de trouver des petites choses, spécifiques, pour lesquelles tu as de la gratitude et de dire pourquoi tu as de la gratitude pour elles. Généralement, je ne recommande pas de te poser des questions « pourquoi », mais dans ce cas-ci, chercher les choses pour lesquelles tu as de la gratitude te donne une indication de ce qui compte pour toi. Et c'est une information utile à avoir. Quand tu places ton attention sur les choses pour lesquelles tu as de la gratitude, tu retires ton attention de la douleur et des problèmes et tu crées une énergie qui t'aide à avancer vers une vie plus expansive.

Par exemple, hier, j'avais de la gratitude d'avoir reçu un e-mail d'une personne qui se propose de traduire mon travail en espagnol, parce que cela veut dire que je pourrai aller au Mexique et partager là-bas le travail que je fais. J'avais aussi plein de gratitude pour le fait que mes plantes se portent si bien ; j'adore m'asseoir dans le patio avec elles. Tu peux aussi avoir de la gratitude pour les progrès que tu fais par rapport à ton comportement addictif et compulsif. Tu peux avoir de la gratitude envers toi-même de ne pas avoir pris cette quatrième cigarette ou de t'être retenu de ton habitude de critiquer ton enfant ou toi-même.

Il faut en général trois semaines pour créer une habitude. Alors, je t'encourage à travailler activement ceci pendant au moins vingt et un jours, jusqu'à ce que l'état de gratitude devienne naturel pour toi.

Les actes de gentillesse et d'attention aléatoires

Tu peux aussi pratiquer les actes de gentillesse et d'attention aléatoires. Pour toi-même et pour les autres.

Une fois encore, il ne doit pas s'agir de grandes choses. Je te suggère de faire des petites choses, comme sourire à l'épicier, ramasser quelque chose qu'une personne a laissé tomber, regarder quelqu'un dans les yeux pour le saluer, ou prendre une demi-heure par jour juste pour toi.

Les petits actes de gentillesse de ce genre t'amèneront à être présent — et l'une des choses qui te permettront d'aller au-delà de l'abus et de l'addiction, c'est justement de faire tout ce que tu peux pour rester présent. Il y a quelque chose dans le fait de sourire à quelqu'un, de caresser un chien ou de préparer un bon repas sain et délicieux pour toi-même qui t'aide à être plus présent. Et en étant plus présent, cela fait la place à plus de joie et de possibilités pour aller au-delà de l'abus et de l'addiction.

CHAPITRE HUIT

L'addiction et les corps

Je n'ai jamais connu qui que ce soit qui soit totalement bien avec son corps et qui exerce un comportement addictif ou compulsif.

Un jour, j'ai demandé à un groupe de femmes sobres dans un programme de récupération traditionnel comment elles se sentaient par rapport à leur corps. Elles m'ont regardée comme si j'étais folle. Leur réponse était : « Pourquoi poses-tu cette question ? Par moments, mon corps m'est utile, mais euh, c'est quelque chose auquel, je ne pense pas. »

J'ai été dans le même programme de récupération pendant de nombreuses années et j'avais le même point de vue sur mon corps. Pour une grande partie de ma vie, je n'y faisais pas attention. C'était quelque chose qui mangeait, qui buvait, qui fumait et qui parfois exagérait. De temps à autre, il était une source de plaisir. Parfois, il était une source de douleur, mais la majeure partie du temps, je n'y pensais même pas, ou, au pire, je le jugeais et le dénigrais.

Quand je repense à ce programme de récupération, je réalise qu'on n'y disait jamais rien sur le corps — sauf qu'il était allergique à l'alcool. En d'autres termes, mon corps était une partie du problème. C'était l'une des raisons pour lesquelles j'étais « alcoolique ».

La notion même que le corps soit le problème ou qu'il soit quelque chose qui mérite d'être dénigré ou ignoré en dit long sur ce que l'on pense du corps dans notre culture. Que ce soit sous l'influence judéo-chrétienne ou non, le fait que l'accent soit mis sur l'importance de l'esprit ou d'autres facteurs, le corps est généralement relégué à une position très inférieure. On doit bien faire avec quand on est sur la planète Terre. De nombreuses traditions spirituelles et religieuses considèrent le corps comme inférieur. On le considère comme la maison de l'esprit, jusqu'à ce que l'esprit puisse quitter le corps, pour aller dans un meilleur endroit ou devenir quelque chose de plus grand. Dans notre culture, nous avons aussi tendance à associer les corps aux animaux, qui sont considérés comme des formes de vie inférieures.

As-tu négligé ton corps en travaillant de trop nombreuses heures, en décidant que ce qui était sur ta liste de choses à faire était plus important que de dormir, en mangeant à l'excès ou en buvant des quantités d'alcool excessives ? As-tu exercé des activités nocives pour ton corps ? Quand tu te lèves le matin, est-ce que tu te regardes dans le miroir et est-ce que tu juges impitoyablement ton corps ? As-tu jeté ton corps sous le lit comme quelque chose quoi doit être ignoré ? As-tu traité ton corps ainsi ? Moi oui. Jusqu'à ce que je réalise le cadeau qu'il est.

Une part de l'antidote à l'addiction, de toi étant toi, c'est d'embrasser le corps et tout ce qu'il a à offrir. Alors j'aimerais te parler de notre corps et de son rôle dans l'addiction et la récupération.

L'addiction est dure pour ton corps

Tout d'abord, d'un point de vue tout à fait pratique, l'addiction est dure pour ton corps. Quand tu exerces un comportement addictif et compulsif, quel qu'il soit, tu n'es pas présent à ton corps. Tu ne peux pas recevoir l'information et la conscience qu'il a à t'offrir. Et il y a un point encore plus important à propos de l'addiction et du corps : si tu es déconnecté de ton corps, tu ne pourras jamais dépasser ton comportement addictif et compulsif. Le mieux que tu arriveras à faire, c'est gérer les symptômes à travers un programme de toute une vie. Pourquoi ? Parce que ton corps est crucial pour ta vie et pour vivre. Toi et ton corps n'êtes pas les mêmes, mais vous êtes intimement connectés. Ton corps peut être ton partenaire et ton meilleur ami, mais si tu t'en déconnectes, tu ne peux y être présent d'une façon qui te permettrait d'aller au-delà de ton comportement addictif et compulsif.

Peu de gens disposent de l'information et des outils nécessaires pour se connecter à leur corps. On t'a probablement appris à considérer ton corps comme un objet. Personne ne t'a jamais dit que ton corps était conscient. Eh bien, j'aimerais te dire, là maintenant, que ton corps est conscient. Il a ses préférences, ses désirs et ses points de vue. Ton corps te dit quoi manger, quels vêtements porter, c'est lui a besoin d'un toit. Plus tu te connectes à ton corps et plus tu l'écoutes, plus ces domaines de ta vie seront harmonieux.

Nous sommes tous conscients de la communication de notre corps quand nous le vivons comme de la douleur. La douleur est en fait le dernier recours du corps pour communiquer avec toi. Plus tu prends conscience de ton corps, plus tu remarqueras qu'il communique aussi avec toi de façons plus subtiles. Comme cette communication est plus énergétique que cognitive, c'est un peu difficile de la décrire par des mots. Toutefois, si tu es prêt à pratiquer le fait d'être plus présent à ton corps, tu verras que tu prendras de plus en plus conscience des précieuses informations qu'il te transmet.

À un moment donné, j'ai commencé à me reconnecter à mon corps. Je n'étais pas encore sûre de comment l'écouter, mais j'étais prête à essayer. J'étais dans un très beau magasin et j'avais trouvé une veste en jeans en solde. Elle ne coûtait que 20 dollars. J'ai pensé « Oh ! C'est super joli ! Je veux cette veste. » J'ai essayé la veste et dans ma tête, j'ai entendu : « Tu peux l'acheter, mais tu ne la mettras pas. »

Mon premier réflexe a été de regarder autour de moi pour voir qui avait dit cela, mais en réalité, je savais que c'était la voix dans ma tête et je savais qu'elle venait de mon corps. C'était la première fois que je recevais un message de mon corps. Je pense que l'information a été traduite en pensée pour que je puisse l'entendre. Je reçois maintenant des messages de façons plus subtiles. Quoi qu'il en soit, je me suis dit « OK, je ne l'achète pas. Qu'est-ce qu'on va faire maintenant ? »

Mon idée était de sortir du magasin, mais l'énergie a dit : « Non, ne pars pas. »

J'ai dit : « OK, corps, c'est bizarre ça. Y a-t-il quelque chose ici que tu aimerais ? »

Mon corps a dit : « Oui. » Cette fois-ci la communication m'est venue plutôt comme une énergie.

Je circulais dans le magasin et tout d'un coup, je me suis arrêtée devant un pyjama rose. J'ai dit : « Tu veux rire ? Un pyjama rose ? » Je n'ai jamais été une fille très féminine et je n'avais jamais rien porté semblable de près ou de loin à un pyjama rose. Mais l'énergie de mon corps disait : « Ouiii ! » Alors, je l'ai acheté.

Depuis lors, j'ai découvert que mon corps aime les choses féminines. J'étais heureuse d'avoir quelque que mon corps désirait vraiment porter. Nous avons porté ce pyjama rose pendant trois ans, jusqu'à qu'il soit usé jusqu'à la corde.

J'ai vécu de nombreuses expériences similaires avec mon corps et elles ont été au-delà de ce que mon corps voudrait manger ou porter. Une fois que tu te reconnectes à ton corps, il te donne des informations sur toutes sortes de choses. J'étais un jour dans un aéroport, attendant un vol pour l'Europe. On avait embarqué dans l'avion et on était prêts à partir quand ils ont annoncé à travers le haut-parleur qu'il y avait un problème et que tous les passagers devaient débarquer, aller à une autre porte et embarquer dans un autre avion. Mon corps a commencé à me diriger par le biais d'une conscience énergétique et j'ai suivi cette énergie. Elle disait : « Va par ici, va par là. Ne fais pas ça. Va au comptoir maintenant. » Mon corps savait ce qu'on devait faire pour avoir un siège confortable à bord du nouvel avion, qui était plus petit et avait moins de sièges avec de l'espace suffisant pour les jambes et comme j'ai suivi l'énergie, j'ai eu l'un de ces sièges.

Ce ne sont là que quelques exemples des façons dont je me suis reconnectée à mon corps. Depuis lors, j'ai assisté de nombreuses personnes qui avaient des problèmes d'addiction dans ce processus de reconnexion à leur corps.

Écouter les experts

Les gens me disent parfois qu'ils sont connectés à leur corps, mais en général, ce qu'ils veulent dire c'est qu'ils ont écouté un expert en régime, un expert en exercice physique, un expert en habillement pour apprendre ce qu'ils devaient imposer à leur corps. Quelque 90 % des régimes et programmes d'exercice physique échouent. Pourquoi ? Parce qu'il s'agit d'imposer le point de vue de quelqu'un d'autre sur *ton* corps. Et à quel point te juges-tu comme un raté parce que tu as essayé ce régime, ce programme d'exercice physique, cette routine de soins de la peau ou autre et que ça n'a pas marché ?

Maintenant que j'écoute mon corps, je n'ai pas à imposer le point de vue de qui que ce soit à mon corps. Parfois, mon corps dit

« Pourrais-tu un peu diminuer les hydrates de carbone ? » Ce n'est pas tant une voix qu'une conscience.

Si tu te connectes à ton corps, il te fera savoir ce qu'il requiert. Et si tu ne devais plus jamais dépendre d'un expert ? Serais-tu prêt à choisir cela maintenant ? Chaque fois que tu écoutes ce qu'un expert dit qui est bon pour toi sans consulter ton corps, tu te diminues et tu diminues ton savoir et tu te remets dans l'énergie de l'addiction où la réponse vient toujours de l'extérieur. Une fois encore tu te rends plus petit.

Je ne dis pas que tu ne devrais pas écouter ce que les gens disent ou que tu devrais ignorer les informations que tu reçois. Ce que je veux dire, c'est qu'il n'est pas nécessaire de faire de qui que ce soit un « expert » et ignorer le corps. Par exemple, ton corps pourrait te dire « Il faut tu ailles voir le médecin. » Alors, tu vas voir le médecin et il te dit de faire dix choses. Tu l'écoutes en hochant de la tête et tu dis « Aha, aha, aha, oui Docteur ».

Tu ne dis pas : « Désolé Docteur, mon corps n'est pas d'accord avec le cinquième point », parce qu'il va penser que tu es fou. Dis simplement : « merci beaucoup ». Souviens-toi, en général, le médecin dépend d'autres soi-disant experts. Il n'écoute pas non plus ce qu'il sait.

Quand tu quittes le cabinet du médecin, demande à ton corps : « Corps, de ces dix choses qu'il t'a dites, lesquelles fonctionnent pour toi ? »

Ton corps pourrait dire : « Un, trois, sept. Le reste ne fonctionne pas pour moi. »

Tu dis : « OK. »

Quand tu retournes voir le médecin et qu'il te demande : « Comment ces choses ont fonctionné pour vous ? » Tu peux répondre : « Un, trois et sept ont très bien fonctionné, le reste pas tellement. » Il n'est pas nécessaire de dire « Je ne les ai pas faites. » Joue simplement avec ce qui fonctionne dans la situation, et au fond de tout cela, tu sauras que tu as écouté ton corps.

Comment traites-tu ton corps ?

Si ton corps était une autre personne dont tu serais très proche, comment agirais-tu envers cette personne ? Serais-tu reconnaissant pour cette personne ? Écouterais-tu ton ami ? Reconnaîtrais-tu à quel point il est formidable ? Est-ce que tu le prendrais pour ce qu'il est ? Le prendrais-tu comme il est et peut-être lui poserais-tu des questions à propos de ce qui améliorerait sa vie ou ce qu'il aime ? Ou bien le critiquerais-tu et essaierais-tu de le faire changer en lui disant qu'il a eu tort ici et qu'il a été stupide là ?

C'est ainsi que nous avons appris à traiter notre corps. Très peu de gens disent : « Tu es un super corps. Merci d'être avec moi et de me soutenir pour faire toutes ces choses merveilleuses que tu fais avec moi. »

La première fois que tu commences à communiquer avec ton corps après l'avoir ignoré longtemps, tu pourrais recevoir une réponse hostile. Considère ceci comme s'il s'agissait d'une amie que tu as maltraitée pendant des années. Si tu l'appelles tout d'un coup en disant : « J'aimerais vraiment bien être ton amie », elle pourrait hésiter ou être méfiante à l'idée de reprendre une relation avec toi. Ce pourrait être une bonne idée de présenter tes excuses à ton corps pour l'avoir ignoré et l'avoir traité si négligemment. Tu pourrais dire : « Corps, je suis désolé de t'avoir traité si mal si longtemps. S'il te plaît, donne-moi une nouvelle chance. Voyons si nous pouvons nous remettre sur la bonne voie ensemble. » Ton corps pourrait vraiment être ton meilleur ami. Et cela en ferait le meilleur meilleur ami possible, parce que, devine quoi ? Vous êtes toujours ensemble.

Quand tu permets à ton corps de devenir ton meilleur ami, tu es encore un pas plus près de lâcher un comportement addictif et compulsif, quel qu'il soit, parce que les corps ne sont pas très fans de ce genre de comportements. En fait, je n'ai jamais connu personne qui est totalement bien avec son corps et qui a des comportements addictifs ou compulsifs. Ces comportements ne se présentent tout simplement pas quand tu es connecté à et avec ton corps — et ton corps soutiendra ton entrée dans l'espace du choix.

Des normes arbitraires pour le corps

Beaucoup de personnes avec qui je travaille tombent dans le piège d'essayer de conformer leur corps aux normes arbitraires en cours de ce à quoi un corps devrait ressembler. Si tu es une femme, on te fait croire que tu dois être mince. Si tu es un homme, c'est OK d'avoir un peu plus de poids tant que tu es fort et musclé. Il ne s'agit jamais d'accepter ton corps et de le célébrer ; c'est toujours trouver ce qui cloche dans ton corps pour que tu achètes un programme, un livre, un aliment, un complément alimentaire ou une vidéo d'entraînement. Ou bien c'est pour te faire subir une intervention chirurgicale ou te faire faire des injections de botox pour être dans la norme et enfin être content de ton apparence. Ce qui ne sera évidemment jamais le cas parce que tu trouveras autre chose qui cloche dans ton corps.

Ton corps sait à quoi il veut ressembler

En fait, ton corps sait à quoi il veut ressembler. Il y a une taille et une forme qu'il aimerait être. Imposes-tu l'idéal de quelqu'un d'autre à ton corps ? Si c'est le cas, je t'encourage à cesser immédiatement. Cela peut te paraître étrange, mais peux-tu demander à ton corps à quoi il veut ressembler et il te le fera savoir. Dis simplement : « Corps, montre-moi à quoi tu veux ressembler. » Il ne répondra peut-être pas immédiatement, mais si tu es prêt à continuer à demander et à être conscient, un jour, en marchant quelque part, tu vas croiser quelqu'un et ton corps te dira : « Ça ! » Ou un soir en regardant la télévision, ton corps te dira : « Là ! »

Fais savoir à ton corps que tu es prêt à le laisser être la taille et la forme qu'il désire et à collaborer avec lui pour y parvenir. Imagine un instant ce que ce serait d'avoir un corps qui se sent extraordinairement bien, beau et content de lui. Est-ce qu'il va nécessairement ressembler à ce que les magazines de mode ont défini comme le corps parfait ? Peut-être pas, mais tu te sentiras tellement bien, que cela n'aura aucune importance. Et plus tu seras heureux et connecté à ton corps, moins tu seras tenté d'exercer ton comportement addictif et compulsif.

Voir ton corps sans jugement

Je t'invite à essayer d'adopter une perspective différente de ton corps. Si tu regardais ton corps à travers les yeux d'un chat ou d'un chien, c'est-à-dire un regard dénué de jugement, que verrais-tu ? Ce chat penserait-il : « Oh waouh ! Quel gros cul ! » ou « Je n'arrive pas à croire que tu n'aies pas de pectoraux ! » ou « Beurk, tu es tout ridé ! » Je ne pense pas.

L'une des raisons pour lesquelles il est si facile d'être en compagnie des animaux, c'est qu'ils n'ont absolument aucun jugement des corps. Peux-tu imaginer un lézard prenant le soleil sur un rocher disant : « Mon ventre est disproportionné par rapport à ma queue. Je devrais vraiment y faire quelque chose. » Il y a tellement de laisser-être et de gratitude pour les corps dans la nature. Et laisse-moi encore souligner ceci : l'addiction n'existe pas dans la nature. C'est une création humaine.

La douleur

Quand je parle des corps, les gens me demandent souvent : « Et la douleur alors ? J'ai beaucoup de douleurs. » Penses-tu que la douleur serait l'une des façons dont le corps te contacte, surtout si tu l'ignores depuis des années ? J'ai découvert que la douleur est le dernier recours du corps quand il ne sait plus quoi faire d'autre. Il tente de capter ton attention par un effleurement et tu dis : « Non, je n'ai rien senti. » Puis, il te pousse un peu et tu dis : « Ce n'était pas confortable, mais je crois que je vais continuer et faire un peu d'exercice ou aller aider encore cet ami ou boire un coup encore, n'importe quoi pour me distraire de mon corps. Je ne vais pas faire attention à cette petite poussée. »

Finalement, ton corps recourt à te donner de la douleur parce que tu n'as pas écouté ses communications plus subtiles. La douleur est la façon dont ton corps capte ton attention. Quand tu as ce qu'on appelle de la douleur — et je t'encourage à plutôt utiliser le mot *intensité,* parce que cela enlève la connotation négative — demande :

« Eh, corps, quelle conscience me donnes-tu que je suis réticent à recevoir ? »

Tu n'auras peut-être pas immédiatement une réponse, mais si tu continues à utiliser cette question, tu finiras par t'autoriser à avoir cette prise de conscience.

Récemment, j'ai créé beaucoup de douleur dans la nuque — ou de l'intensité — dans ma nuque. Pourquoi est-ce que je dis que je l'ai créée ? Parce que je n'avais pas été prête à entendre les signes subtils de mon corps. Une fois l'intensité devenue importante, je savais que je devais commencer à poser des questions et à écouter la réponse de mon corps. Quand j'ai finalement demandé à mon corps ce qui se passait, j'ai réalisé que je n'avais pas été prête à le laisser avoir l'énergie et le soutien nécessaires pour supporter tout ce que je faisais. Quand j'ai changé mes habitudes et que j'ai enfin été prête à de nouveau tenir compte de mon corps, l'intensité a disparu.

Si tu vis une intensité dans ton corps, je t'encourage à continuer à poser des questions. À un moment donné, tu auras une prise de conscience de ce qu'il faudrait faire pour changer la situation. Est-ce que ça veut dire que tu ne dois pas utiliser de médicament ou voir un médecin ? Non.

Mais il y a presque toujours quelque chose d'autre que tu peux faire pour accélérer ta réparation et diminuer grandement l'intensité que tu vis.

Prendre des choses du corps des autres

J'avais une cliente qui avait une addiction à l'alcool qui ne se dissipait pas. Nous avons travaillé ensemble environ six semaines, et rien ne bougeait, ce qui était tout à fait inhabituel. Finalement, je lui ai demandé : « À qui appartient cette addiction en fait ? »

Elle a eu l'air interloqué, puis elle a répondu : « Oh ! C'est à ma mère. » Elle n'a plus jamais eu de problème avec l'alcool !

Il en va de même pour l'arthrite, les maux de tête ou pratiquement tout ce qui se passe dans le corps. Il n'est pas difficile de comprendre cela si tu te rappelles que tout est énergie. Le corps est énergie. Les pensées, sentiments et émotions sont énergie. L'addiction est une énergie. Le corps peut prendre toutes ces formes d'énergie du corps des autres.

Donc, quand tu perçois quelque chose qui se passe dans ton corps, il serait judicieux de demander : « Est-ce que ça m'appartient, ou est-ce à quelqu'un d'autre ? » ou « À qui est-ce que ça appartient ? » Si tu découvres que cela ne t'appartient pas, retourne-le à l'envoyeur. Tu n'aides personne en prenant la maladie ou condition physique de quelqu'un d'autre. Tu ne guéris pas leur douleur en la leur prenant. Quand tu la prends, elle est toujours présente à un niveau énergétique, mais elle ne peut pas guérir parce que tu la lui as prise. Donc, retourner à l'envoyeur bénéficie à tout le monde.

Manger et les corps

J'ai un programme appelé « Manges-tu pour vivre ou vis-tu pour manger ? » La plupart des gens qui s'inscrivent à ce programme sont conscients que la relation qu'ils ont avec leur corps n'est pas très heureuse avec leur corps ; la plupart d'entre eux se battent tout le temps avec lui. Il y a un cercle vicieux en place : ils veulent un morceau de gâteau au chocolat, alors ils en mangent un morceau. Puis, pour éviter de se sentir mal, ils créent le jugement de soi et ils retournent manger un morceau de gâteau au chocolat.

Au début de ce programme, je demande aux participants ce qu'ils aimeraient retirer du programme et la plupart d'entre eux disent : « J'aimerais perdre du poids. » Quelques-uns seulement disent qu'ils aimeraient avoir une meilleure relation avec leur corps. À la fin du programme, je demande : « Êtes-vous contents de vos résultats ? » C'est incroyable ce que les gens répondent. Au lieu de me dire : « Je me sens super bien avec mon corps parce que j'ai perdu du poids. », ils répondent pratiquement unanimement par des réponses comme : « J'ai perdu du poids, mais ça n'a plus vraiment d'importance pour moi. Ma relation avec mon corps a tellement changé. Je ne le juge plus aussi violemment. Je me réjouis maintenant de mon corps et on prend tellement de plaisir. Hier on est allés nager et on a joué avec les enfants. Mon corps me fait savoir ce qu'il veut manger maintenant et je commence doucement à voir comment il change. Je suis plus grand. Je suis en meilleure forme. Je suis beaucoup plus conscient du monde de mes cinq sens. J'aimerais encore perdre quelques kilos, mais ce n'est plus ce qui absorbe mon attention. C'est une question d'avoir de la gratitude pour mon corps et de collaborer avec lui d'une façon qui nous honore tous les deux. »

Ton corps participe toujours à un degré ou à un autre à ton comportement addictif et compulsif. Le corps, comme le monde naturel, ne résonne pas vraiment avec l'addiction ou la compulsion. Tu dois te détacher de lui et le court-circuiter pour forcer sa participation à l'addiction. Plus tu es en contact avec ton corps et plus tu l'honores, plus il t'assistera à aller au-delà de ton comportement addictif et compulsif.

Des choses nourricières pour ton corps

Voici quelques exemples de choses que mes clients et moi avons découvertes qui sont nourricières pour le corps. Tu auras probablement tes idées à ajouter à cette liste. Alors, continue à demander à ton corps ce qui serait nourricier pour lui. Ton corps est toujours en changement, alors il pourrait avoir des réponses différentes chaque fois que tu lui demandes.

Les câlins (étreintes)

Les câlins, les vrais câlins sont très nourriciers pour le corps. Je ne parle pas de ces étreintes ou vous êtes loin l'un de l'autre et où tu te penches en quelque sorte vers la personne pour lui tapoter dans le dos. Ces étreintes n'apportent pas grand-chose au corps. Je ne parle pas des étreintes rigides où on a l'impression de prendre une statue dans les bras. Et je ne parle pas non plus d'un câlin qui est une excuse pour te tripoter. Je parle d'une étreinte qui est une véritable connexion entre deux corps. Ils sont pleins d'attention et de connexion et sont si nourriciers. C'est véritablement offrir et recevoir pour ton corps.

Les massages

Les massages peuvent être une autre façon d'offrir à ton corps. Demande à ton corps : « Aimerais-tu un massage ou une autre forme de travail corporel ? » Si c'est le cas, demande-lui de te montrer qui il aimerait avoir pour cela. Ne va pas immédiatement à « c'est le travailleur corporel le plus populaire dans ma région » ou « c'est le moins cher ». Demande au corps : « Qui aimerais-tu aller voir ? » Si cela représente beaucoup d'argent, dis à ton corps : « Je suis ravi de t'emmener voir ce travailleur corporel, mais j'ai besoin que tu m'assistes pour générer l'argent. » Ton corps peut t'aider à cela. Ton corps est peut t'apporter des choses incroyables dans la vie — mais tu dois te connecter à lui. Tu dois lui demander.

Les Bars d'Access Consciousness®[13]

Les Bars d'Access Consciousness® sont un processus corporel qui peut être incroyablement nourricier pour le corps. Beaucoup de mes clients ont constaté qu'ils ont moins envie d'exercer leur comportement addictif et compulsif après quelques séances de Bars seulement.

13 Pour trouver un Facilitateur Access Bars® ou un Facilitateur Corps près de chez toi, consulte le site web d'Access Consciousness® renseigné à la fin de cet ouvrage.

La personne qui reçoit les Bars est généralement allongée sur une table de massage et le facilitateur place doucement ses mains sur trente-deux points sur la tête de la personne. Cela libère beaucoup de « déchets » que ton corps a pris sur lui — les pensées, sentiments et émotions que tu as captés d'autres personnes. C'est un peu comme effacer des fichiers sur ton ordinateur. Au pire, tu te sentiras comme après un bon massage ; au mieux tu ouvriras les portes du changement pour ta vie.

Les processus corporels d'Access Consciousness®

Access Consciousness® offre de nombreux processus corporels fabuleux pratiqués par les facilitateurs Corps d'Access Consciouness®. Pour en savoir plus, tu trouveras ces facilitateurs et des classes dans ta région sur le site d'Access Consciousness®.

Sourire

Sourire est une autre chose très simple et très efficace que tu peux faire. Dans son état naturel, le corps est heureux. Il aime sourire — et sourire peut avoir de nombreux effets positifs sur ton corps. Cela peut faire baisser la tension artérielle, libérer des endorphines et soulager du stress. Je t'encourage vivement à sourire plus.

Il y a bien d'autres exercices et activités qui peuvent t'aider à te reconnecter à ton corps, qui sont nourriciers et attentifs pour lui. Je t'invite à explorer tout cela et vois à quel point ta connexion au corps peut être formidable.

CHAPITRE NEUF

L'addiction et les vies passées

Ton addiction n'a pas une cause unique et il n'y a aucune réponse unique à ton addiction, mais les vies passées peuvent jouer un rôle dans le maintien de ton comportement addictif et compulsif.

Dans mon travail avec l'addiction ces vingt dernières années et plus, j'ai rencontré des gens qui ont essayé de se débarrasser de leur comportement addictif et compulsif encore et encore sans succès jusqu'à ce que je les interroge sur leurs vies passées.

D'emblée, je voudrais dire que le fait de regarder aux vies passées peut être un facteur qui permet aux gens de quitter leurs addictions. Les vies passées ne sont jamais en soi la cause de l'addiction. En fin de compte, aller au-delà de l'addiction se résume à ta volonté d'avoir plus de toi et de faire des choix qui vont te permettre d'être plus conscient et plus présent dans ta vie.

Dans ce chapitre, j'aimerais parler de quelques-uns de mes clients qui ont pu dépasser l'addiction après que nous avons déblayé la connexion à leur comportement addictif et compulsif avec une autre vie. Il n'est absolument pas nécessaire que tu croies qu'il y a des vies passées. Tout ce que je te demande, c'est que tu considères l'utilisation d'un outil comme lourd ou léger pour voir si c'est quelque chose qui pourrait s'appliquer à toi.

Les troubles de l'alimentation et les vies passées

Avant d'avoir trouvé les outils d'Access Consciousness®, j'avais choisi de ne pas accepter de clients avec des troubles de l'alimentation dans mon cabinet de psychothérapie parce que le taux de succès avec ce type de clients était très faible. Même avec une psychothérapie approfondie, on dit souvent aux gens boulimiques ou anorexiques ou qui mangent à l'excès qu'ils seront aux prises avec leur condition pour le restant de leurs jours et qu'ils ne la dépasseront probablement jamais. On les hospitalise souvent, ils sont sous monitorage et soumis à des régimes alimentaires stricts, mais rien de tout cela ne fonctionne vraiment. Ces actions sont un moyen de gérer les symptômes des gens plutôt que de leur donner des outils, informations et processus qui vont leur permettre de sortir de leur comportement. C'était pénible pour moi de travailler avec des gens qui n'avaient pas de réel espoir de réparation, alors j'avais choisi de ne pas travailler avec les gens qui avaient troublé leurs relations à la nourriture.

Les outils d'Access Consciousness® m'ont offert une approche de ces troubles qui consistait à défaire les décisions, jugements et conclusions des vies passées qui maintenaient ce comportement en place. Après avoir utilisé ces outils peu de temps seulement, j'ai reçu un appel d'une dame dans la quarantaine qui avait été boulimique depuis son adolescence. Elle m'a demandé si cela fonctionnerait avec elle. Elle me dit qu'elle avait essayé la psychothérapie, mais qu'elle n'avait pas eu de bons résultats. Je lui ai dit : « Je n'ai jamais vu personne avoir beaucoup de succès avec ce type de trouble de l'alimentation. Je ne peux rien promettre, mais j'ai des outils et des techniques et des informations d'Access Consciousness®, si vous voulez les essayer. »

Elle m'a répondu : « Essayons ». Et c'est ce que nous avons fait. Et en quatre séances d'une heure et demie, elle s'est libérée de la boulimie et elle n'a plus mangé ou éliminé excessivement depuis lors. Ce qui est important dans cette histoire, c'est que ce trouble de l'alimentation en particulier était lié à une vie antérieure. En travaillant ensemble, nous avons découvert qu'il y a plus de 2000 ans, elle avait été impliquée dans le meurtre de quelqu'un qu'elle connaissait et qu'elle savait être innocent. Elle portait en elle ces tonnes de culpabilité qui faisaient en sorte qu'elle se punissait continuellement en privant son corps de nourriture. Quand elle fut à même de détruire et décréer les décisions et jugements qu'elle avait d'elle-même dans cette vie en question, cela a tout changé pour elle au présent.

J'ai découvert que pour de nombreuses personnes avec des troubles de l'alimentation, la relation troublée à la nourriture servait de punition pour l'être et le corps pour ce qu'elles considéraient comme un crime odieux commis dans une vie passée. J'ai aussi eu de nombreux qui clients qui ont réalisé que la famine ou la privation de nourriture dans une vie passée était l'un des facteurs principaux de leur besoin de bourrer de nourriture leur garde-manger, leur réfrigérateur et leur corps.

La tabagie

La décision que tu dois être puni pour des actions dans une vie passée peut aussi jouer un rôle dans d'autres comportements addictifs et compulsifs. Par exemple, j'ai travaillé avec un homme qui avait été fumeur durant toute sa vie d'adulte en dépit d'innombrables tentatives d'arrêter. Après avoir essayé un certain nombre d'interventions sans véritables résultats, je lui ai demandé : « Vérité, est-ce qu'il y a des vies passées impliquées ici ? »

Il a dit oui et a regardé à ce qu'il croyait avoir fait. C'était un acte qu'il avait jugé comme si terrible qu'il avait décidé qu'il n'avait pas le droit de respirer. Il fumait dans cette vie-ci pour se priver de sa respiration et se tuait lentement pour se punir de cet acte. Une fois en mesure de réexaminer sa décision, il a perdu la compulsion de fumer.

Être une victime et encourager l'abus

J'ai aussi interrogé des personnes sur leurs vies passées lorsqu'elles semblaient déterminées à être une victime et à encourager l'abus. Je ne dis pas que c'est le cas dans toutes les situations, mais si les personnes semblent continuellement inviter des traitements abusifs, il y a peut-être un incident dans une vie passée qui les pousse à croire qu'ils ont besoin d'être punis.

Récemment, j'ai parlé à une femme qui me disait que toutes les personnes dans sa vie étaient abusives avec elle, même les personnes qui étaient en général bonnes envers les autres. Après avoir raconté comment elle avait créé ce comportement chez les autres, je lui ai demandé : « Est-ce que tu te punis pour quelque chose que tu as fait dans une autre vie ? »

Elle a dit « Oui »

J'ai demandé : « Qu'est-ce que c'était ? »

Elle m'a répondu : « J'ai tué ma famille entière. »

J'ai demandé : « Est-ce qu'à un moment donné, ils t'ont tous tuée ? »

Elle m'a dit : « Oui. »

J'ai demandé : « Vois-tu que nous avons tous tout été et tout fait ? »

Une fois qu'elle a pris conscience de cela et qu'elle a pu sortir de ce qu'elle avait décrit comme une dette karmique, elle a pu laisser aller sa création constante de situations abusives.

Nous avons tous tout été et tout fait. Tu as été un roi et une reine et un esclave ; tu as été un gourou et un disciple ; tu as été personne et tu as été quelqu'un ; tu as été pauvre et tu as été riche au-delà de tout ce que l'on peut imaginer. Tu as été la victime de crimes et d'abus et tu as été l'auteur de crimes et d'abus. Si tu peux renoncer au jugement de ce que tu as été et fait, cela peut t'apporter énormément de liberté. Cela peut t'affranchir du besoin de te punir toi ou les autres et te donner l'espace pour être présent et te présenter en tant que toi.

La dépendance affective

Les vies passées émergent aussi dans les cas de dépendance affective. As-tu jamais croisé une personne dans une pièce bondée et pensé : « C'est lui/elle. J'ai trouvé mon prince/ma princesse. » En général, ce type de réaction indique que tu as de nombreuses vies en commun avec cette personne. Et tu as pris de nombreux vœux, engagements et accords avec lui ou elle ou des « Je t'aimerai toujours », « Nous serons toujours ensemble » ou « Je serai toujours là pour toi. » Tu pourrais considérer cette personne et demander : « Est-ce vraiment mon prince ou ma princesse ? Ou est-ce quelqu'un à qui j'étais attaché dans une autre vie ? »

Cet attachement a pu être positif, mais il était peut-être aussi négatif. J'ai travaillé avec un client qui ne parvenait pas à se déconnecter de son ex extrêmement abusive. Elle avait était incroyablement cruelle à son égard. Elle le dénigrait. Elle lui infligeait toutes sortes de choses horribles et il disait : « Mais je l'aime. Je ne sais pas pourquoi, mais j'ai besoin d'être avec elle. »

Tout d'abord, «aimer quelqu'un» n'est jamais une raison d'être avec qui que ce soit, surtout si cette personne te maltraite. La raison d'être avec quelqu'un, c'est que cette personne expanse ta vie et est une contribution à ta vie.

J'ai demandé à mon client : «Est-ce qu'être avec cette femme est expansif pour toi ?»

Il m'a répondu : «Non, en fait, elle me détruit, mais je me sens tellement accro à elle que je ne sais pas quoi faire. Je ne parviens pas à aller de l'avant.»

Quand nous avons commencé à regarder ce qui se passait, je lui ai demandé : «Y a-t-il une vie passée impliquée ici ?»

Il a répondu : «Oui, absolument. Beaucoup, beaucoup, beaucoup.»

Je lui ai demandé : «Alors, quelle est ta conscience ici ?»

Il a répondu : «Elle m'a sauvé la vie de nombreuses fois, alors je lui suis redevable, peu importe qu'elle me maltraite, je reste avec elle et je fais tout ce qu'elle veut que je fasse. Je suis son esclave.»

J'ai dit : «Quelque chose là-dedans est très très lourd. Puis-je te poser une question. Est-ce vraiment vrai qu'elle t'a sauvé toutes ces fois ?»

Il a fait une pause, a considéré la question, puis a dit : «Non, ces mensonges ont été implantés en moi.»

Une fois qu'il a repéré les mensonges, il a été en mesure d'aller de l'avant. Son addiction à cette relation s'est écroulée comme un château de cartes. Le mensonge était la carte du bas, et une fois que nous l'avons retirée, tout s'est écroulé. Il m'a dit durant sa dernière séance : « Je ne pense même plus à elle. » Il a commencé à diriger son énergie sur la création de sa vie.

Voici ce qui est très intéressant ici. Il aurait pu aller dans l'autre sens. Il aurait pu décider que le karma et les drames et mélodrames des incidents de ces autres vies étaient réels, et il aurait pu rester coincé là pour toujours. Mais ce n'est pas ce qu'il a fait. Il a tout simplement tout laissé partir. Tout s'est écroulé et maintenant, il s'en est affranchi. Mais même si l'ex de mon client l'avait sauvé toutes ces fois, c'était son choix à elle. Il ne lui devait rien.

Voici un autre aspect à prendre en compte. Combien de contrats et engagements de « jusqu'à ce que la mort nous sépare » as-tu avec toutes les personnes avec qui tu as été marié ou à qui tu as été asservi ? Tu passes des contrats avec les gens et parce que l'être ne meurt jamais en fait, les accords que tu as pris il y a des millions d'années peuvent encore être en cours et ruiner ta vie maintenant. Tu ferais bien de détruire et décréer tous ces vœux, serments, allégeances, serments de sang, promesses, contrats, accords et engagements. Ils n'ont pas de place dans ta vie maintenant.

Vivre dans le présent, c'est être avec chaque personne dans ta vie dans l'instant présent et avoir le choix de ce que tu vas faire toutes les dix secondes. Peux-tu saisir l'énergie de cela ? Est-ce léger ?

Assister compulsivement les autres

Les engagements du passé peuvent aussi être actifs quand les gens éprouvent un besoin fort d'assister les autres. Dans le passé, tu as peut-être pris des engagements dans des ordres religieux ou d'autres groupes, et tu as peut-être l'impression d'avoir laissé tomber ces gens ou d'avoir été la cause de leur destruction en ne tenant pas tes promesses. Si tu remarques qu'il y a un élément compulsif dans le fait d'essayer d'aider quelqu'un ou de résoudre ses problèmes, ou si tu as l'impression que tu dois les assister et que c'est ton rôle dans la vie, il serait peut-être judicieux de demander si des vies passées sont impliquées.

Les situations immuables

Chaque fois que tu es coincé dans une situation qui ne semble pas pouvoir changer malgré l'utilisation de différents outils ou approches, je t'encourage à demander : « Des vies passées sont-elles impliquées ici ? » Tu peux aussi demander :

- Est-ce que je me punis pour quelque chose ?
- Est-ce que je compense pour un comportement que j'ai jugé nuisible ?
- Est-ce que je satisfais à des engagements que j'ai pris dans d'autres vies ?

Si tu as un oui, pose plus de questions. Nous avons tous, à un moment ou à un autre, acheté l'idée de la cause et de l'effet, du karma et d'autres types de « Je leur ai fait ça, alors, maintenant, je leur dois ça » ou « Ils m'ont fait ça, alors, maintenant, ils me doivent ça. » Rien de tout ça n'est vrai. Ce type de pensée crée de la polarité et t'empêche, toi et les autres, d'aller de l'avant dans un espace de conscience et de prises de conscience.

La conscience inclut tout et ne juge rien. Quand tu fonctionnes à partir de l'espace de la conscience, le comportement qui vient de cet espace est génératif, créatif; il n'est ni destructeur ni contracté.

Je voudrais encore souligner un aspect ici à propos de se voir soi ou les autres comme la cause des « dégâts » ou de la « destruction ». Ces concepts sont des jugements. Tout comportement est essentiellement neutre par rapport au point de vue de l'observateur qui juge que c'est bien ou mal. Si les choses étaient intrinsèquement bonnes ou mauvaises, chaque observateur ferait le même jugement et verrait les choses de la même façon. Et nous savons que ce n'est pas le cas.

Est-ce pertinent maintenant ?

Pour sortir du comportement addictif et compulsif, il convient d'être présent dans l'instant présent. Tu n'as pas besoin de te distraire en essayant de comprendre le passé ou en passant par toutes sortes de distorsions pour compenser les dommages que tu as pu causer ou pas. Si tu fais cela, tu vis dans le passé. Tu es dans la tête ; tu n'es pas dans ta conscience. Tu n'es pas présent et tu ne pourras pas aller de l'avant.

L'une des choses qui te maintiennent coincé dans le passé, c'est l'idée du pardon. Souviens-toi que pardonner te maintient dans la polarité du bien et du mal. Cela implique toujours un jugement. Et si tu ne devais rien à personne et que personne ne te devait rien. Comment ça serait d'aller dans un espace où tu laisserais tout être ? Quand tu ressens une charge ou une mémoire qui remonte, demande toujours : « Est-ce pertinent maintenant ? »

Découvrir puis déblayer une connexion d'une vie passée avec ton comportement addictif et compulsif peut apporter un soulagement pratiquement immédiat et une liberté que tu n'aurais même jamais pu rêver possible.

CHAPITRE DIX

L'addiction et les entités

Tout est conscient.
Dès que tu es prêt à en prendre conscience, ta vie va s'expanser de façons que tu ne pourrais jamais même imaginer.

Les entités peuvent avoir un effet très puissant sur la récupération. C'est un sujet qui est rarement discuté, au détriment des nombreuses personnes qui tentent de se débarrasser d'un comportement addictif et compulsif.

La plupart des gens pensent que les entités sont des êtres qui n'ont pas de corps, comme les fantômes ou les esprits ; il s'agit effectivement d'exemples d'entités, mais la définition d'entité recouvre bien plus que cela. Au sens large du terme, les entités sont simplement une énergie avec une identité. Tu es une entité, je suis une entité. Les animaux sont des entités. Les maisons, les chaises et les business sont des entités. Si tu écris une chanson, cette chanson devient une entité par et en elle-même. Il y a bien entendu aussi les entités qui n'ont pas de corps, et elles aussi sont simplement de l'énergie avec une identité.

L'une des plus grossières erreurs que les gens font au sujet des entités, c'est de supposer que seuls les êtres humains sont conscients. C'est une supposition de supériorité qui peut créer d'énormes limitations dans nos vies parce que nous ne sommes dès lors pas disposés à recevoir l'information que les autres entités nous donnent, quelle que soit leur forme. Si tu as décidé que la plupart des choses et des êtres dans l'univers ne sont pas conscients et ne sont pas prêts à être une contribution pour toi, tu ne pourras pas recevoir d'eux. C'est comme décider que seuls les hommes blancs de quarante-trois ans aux cheveux bruns ont quelque chose à t'offrir. La vérité est que tout est conscient. Et une fois que tu es prêt à savoir cela et à recevoir cela, ta vie va s'expanser de façons que tu ne pourrais jamais même imaginer.

Malheureusement, l'idée que seuls les humains sont conscients a été perpétuée par certaines religions et églises qui enseignent que les êtres humains sont supérieurs à tout le reste sur la planète. Teste cette idée pour toi-même. Est-ce vrai ? Dis-toi : « Seuls les êtres humains sont conscients. » Lourd ou léger ? À moins que l'on t'ait enseigné cette idée et que tu l'aies achetée sans la remettre en question, je parie que cette affirmation est lourde pour toi, ce qui signifie que c'est un mensonge. Ce qui est vrai, c'est que nous sommes tous une partie de la conscience et de l'unité, et c'est pour cela que nous pouvons communiquer avec des entités de toutes sortes.

Tu pourrais dire : « Mais qu'est-ce que tout cela a à voir avec l'addiction ? » Cela a beaucoup à voir avec l'addiction pour deux raisons. Tout d'abord, le fait de prendre conscience que tout est conscient te permet de participer à « l'offrir et recevoir » avec tout dans l'univers. Ensuite, si tu es réticent à être conscient de la présence d'entités et de leur influence sur le comportement addictif et compulsif, tu pourrais devenir l'effet de ces entités et de ce qu'elles aimeraient que tu fasses.

Les entités qui n'ont pas de forme physique

J'ai récemment effectué une recherche sur Internet et j'ai découvert que cinquante à quatre-vingts pour cent de la population des États-Unis a eu une expérience avec un être qui n'avait pas de corps physique. Par exemple, un proche décédé qui se montre ou une expérience avec ce qu'on pourrait appeler un fantôme, un guide spirituel, un ange ou un démon. Je voudrais que tu saches que tu n'es pas le seul, si toi aussi tu as eu une expérience avec un être qui n'avait pas de forme physique. Tu fais en fait partie de la majorité. C'est très utile de savoir que tu n'es pas le seul à avoir conscience des entités qui n'ont pas de corps, mais qu'en augmentant ta conscience et ta compréhension de ces entités, tu peux ajouter plus d'aisance à ta vie.

Beaucoup de gens supposent que les êtres qui n'ont pas de corps sont toujours sages, honnêtes et spirituels. De grâce, ne fais pas cette erreur. Si ta tante Jeanne était idiote de son vivant, elle sera toujours idiote quand elle vient te parler sans son corps. Les entités mentent aussi. As-tu déjà entendu des gens dire : « Je canalise l'Archange Michaël, Jésus ou un autre sage ancien » ? Penses-tu que les entités ne s'amusent pas à duper les êtres avec des corps ? Chaque fois qu'une entité se montre et te dit qui elle est, ne fais pas l'erreur de supposer que ce qu'elle te dit est vrai ou qu'elle en sait plus que toi.

Les êtres sans corps peuvent se présenter n'importe où. Ils peuvent occuper n'importe quel espace. Ils peuvent être dans ta maison, dans ta voiture ou ton ordinateur. Ils peuvent occuper ton corps ou la zone qui l'entoure. Ils peuvent aussi occuper le corps d'un animal. Ces êtres sont des états divers de conscience. Certains ne réalisent pas qu'ils ont eu d'autres vies. Ils n'ont peut-être pas conscience qu'ils ont perdu leur corps il y a des siècles.

Quand ces entités sont présentes, mais non reconnues, elles peuvent avoir un effet néfaste sur toi, ton corps, ta vie et dans certains cas, elles peuvent exacerber ton comportement addictif et compulsif ou rendre ta réparation plus difficile. Toutefois, de grâce, ne fais pas l'erreur de reprocher ton comportement addictif et compulsif aux entités ou de les voir comme la cause de l'addiction ni qu'elles peuvent t'en débarrasser.

Les entités et les addictions

Il y a des années, une cliente se préoccupait de la quantité d'alcool qu'elle buvait. Au départ, elle buvait pour gérer son anxiété sociale, mais avec le temps, elle a commencé à se sentir de plus en plus déprimée. Cette dépression me semblait extrême. Elle avait des crises de larmes intempestives et des pensées suicidaires. Après avoir exploré de nombreuses causes possibles, je lui ai demandé si une entité était impliquée. Ma cliente s'est immédiatement sentie plus légère. La réponse était un oui clair. Cette entité en particulier s'était attachée à elle lors d'une absence alcoolique. C'était une personne qui s'était suicidée avec de l'alcool et des pilules et qui avait été attirée à ma cliente parce qu'elle buvait. Une fois l'entité déblayée, la dépression de ma cliente s'est grandement réduite et nous avons continué à travailler pour qu'elle puisse aller de l'avant, au-delà de la consommation addictive ou compulsive d'alcool.

Une autre de mes clientes avait beaucoup de peine à perdre du poids. Nous avons utilisé divers outils, mais aucun changement ne survenait. Finalement, je lui ai posé la question des entités. Il s'est avéré que ma cliente avec une entité qui était morte affamée et qui l'utilisait pour manger à l'excès pour tenter d'atténuer ses mémoires de famine. Après avoir déblayé l'entité, ma cliente a commencé à progresser dans sa perte de poids.

Dans mon travail avec les addictions, j'ai souvent constaté que les états de manque d'une personne peuvent être créés par des entités qui ont la même addiction que la personne dont elles habitent le corps. Même si l'entité n'a plus de corps, elle est toujours intéressée à exercer son addiction et elle tente de le faire à travers la personne. Il y a par exemple des entités qui désirent fumer, et elles s'attachent à des personnes qui fument. Un indice précis que c'est une entité qui pilote le désir, c'est quand tu entends : « Tu as besoin d'un verre maintenant » ou « Tu devrais t'allumer un joint. » Quand cela se passe, tu peux être sûr que cette envie appartient à une entité, parce que tu ne te parlerais pas en disant « tu ».

Rechute

Dans les programmes de traitement traditionnels, l'alcool est souvent décrit comme « malin, déroutant et puissant » parce que le désir de boire semble emporter les gens au hasard, même après avoir pratiqué leur programme pendant un certain temps. J'ai constaté que les coups d'éclats avec un comportement addictif et compulsif arrivent souvent quand une entité est impliquée.

Quand quelqu'un vient et dit quelque chose du style de « Je m'en sortais très bien avec ma récupération, mais j'ai rechuté hier soir. Je ne comprends pas ce qui s'est passé », je suis immédiatement alertée que des entités pourraient être impliquées. Ce qui est intéressant, c'est qu'une fois que ces entités sont déblayées, ce qu'on appelle les « rechutes » dans les programmes traditionnels arrivent rarement, à moins que la personne n'ait pas encore nettoyé son addiction primaire au jugement et au tort.

Qu'est-ce qui te rend susceptible aux entités sans corps?

Comme je l'ai dit, l'une des choses qui invitent les entités dans ta vie, c'est d'exercer un comportement addictif et compulsif. Pourquoi? Parce que quand tu exerces ce comportement, en gros, tu te barres et c'est comme si tu mettais une affiche «à louer» sur ton corps. Cela fait sens si tu te rappelles que l'addiction est l'endroit où tu vas où tu n'existes pas. C'est un endroit où tu n'es pas présent. Chaque fois que tu n'es pas présent, tu ouvres l'espace pour les entités et qu'elles viennent occuper ton corps.

Il y a de nombreuses années, avant d'apprendre le rapport entre les entités et l'addiction, j'avais un ami très cher que je vais appeler John. John avait des problèmes d'alcool. Il avait été sobre pendant tout un temps, mais il ne parvenait pas à faire fonctionner sa vie. Il a recommencé à boire énormément — deux bouteilles de vodka par jour — et en gros, il avait fait le choix de mourir. Je lui ai proposé de l'aider s'il voulait de l'aide par rapport à cette addiction, mais à un moment donné, j'ai choisi de ne pas être dans ses parages parce qu'il était tellement peu présent qu'il était très clair qu'il n'était pas du tout intéressé à changer son comportement.

Un jour une amie commune est allée chez lui pour lui apporter à manger. Elle m'a dit qu'elle avait frappé à la porte, qu'elle avait appelé «John, John, où es-tu?» Finalement, elle est entrée dans la maison et un être est sorti du salon. C'était le corps de John, mais, clairement, ce n'était pas John. Il avait une énergie très forte, violente et destructive. Elle m'a raconté que son visage ne ressemblait même pas à celui de John. Elle continuait à appeler, «John, John, revient.» Le corps s'est finalement secoué et John est devenu présent. C'était une personne plutôt généreuse et son énergie était totalement différente de celle qu'elle avait vue en entrant.

Le fait est que cette entité n'aurait pas pu entrer dans le corps de John si John n'avait pas fait le choix de s'absenter et de faire consommer d'énormes quantités d'alcool à son corps. Plus il choisissait le chemin de l'autodestruction, plus il ouvrait la porte à ces forces plus sombres. Malheureusement, John était déterminé à en finir et il n'a pas changé de direction.

Il n'y a pas de raison d'avoir peur des entités. Elles n'ont aucun pouvoir sur toi si tu ne leur en donnes pas. Elles ne peuvent pas te forcer. Tu ne seras pas possédé à moins que tu ne les invites. Je raconte cette histoire de John, parce que c'est un exemple dramatique de ce que tu peux créer quand tu choisis de ne pas être présent dans ta vie. Quand tu exerces un comportement addictif et compulsif, quel qu'il soit, tu peux inviter des entités destructives qui avaient la même addiction de leur vivant. Si tu as déjà vu quelqu'un qui change radicalement de personnalité quand il est ivre ou à fond dans son comportement addictif, il a probablement quitté son corps et a laissé entrer une autre entité.

Déblayer les entités

Les entités peuvent être déblayées en utilisant un processus d'Access Consciousness®. Il y a peut-être d'autres façons de les déblayer également. Je t'encourage à poser des questions et de faire ce qui fonctionne pour toi.

Encore une dernière remarque : de grâce, souviens-toi qu'aucune entité ne peut prendre possession de toi à moins que tu ne le lui permettes. Et aucune entité n'est plus grande ou plus puissante que toi, même celles qui ont choisi de s'appeler démons. C'est toi qui es aux commandes de ta vie et de ton corps. Tu auras peut-être besoin d'aide, mais si tu le choisis, tu peux déblayer n'importe quelle entité qui t'affecte négativement.

Quand nous sommes habitués à ce que notre vie soit pilotée par un comportement addictif et compulsif, il nous semble de plus en plus naturel et confortable de nous rendre l'effet d'autres personnes, lieux ou choses. Certaines personnes se sentent très « spéciales » quand elles réalisent qu'elles ont des entités. De grâce, ne fais pas cette erreur. Tu as de la valeur pour qui tu es vraiment, parce que tu es unique et que tu es un cadeau pour le monde. Quand tu te rends l'effet d'une entité, quelle qu'elle soit, tu te renies toi ainsi que la possibilité d'une vie formidable.

CHAPITRE ONZE

Qu'est-ce que la véritable réparation ?

La véritable réparation c'est quand tu arrives dans un espace de choix par rapport à ton comportement addictif et compulsif. La nécessité de l'exercer — ou la nécessité d'y résister a disparu.

Dans la plupart des programmes de traitement traditionnels, être en récupération signifie que tu n'exerces plus un comportement addictif et compulsif donné. Mais parce que ces programmes n'abordent que l'addiction secondaire et ne portent aucune attention à l'addiction primaire, beaucoup de gens finissent par troquer une addiction moins acceptable comme boire de l'alcool contre une addiction plus socialement acceptable comme le travail compulsif — ou même participer à des réunions de récupération. Ils recherchent toujours un comportement addictif et compulsif comme échappatoire et pour soulager la douleur du tort d'eux-mêmes — le jugement de soi, le sentiment de ne pas avoir sa place et le sentiment d'être submergé par les pensées et sentiments des autres.

La plupart des programmes de récupération traditionnels requièrent que les participants parcourent une série d'étapes prescrites de manière continue comme moyen et mesure de leur récupération. Cette démarche est considérée comme une exigence à vie pour tenir le comportement addictif à distance. Cette approche représente la récupération comme une espèce de rémission de l'addiction. C'est comme si les symptômes de la maladie étaient présents, mais qu'ils étaient gérés par les étapes que tu parcours de sorte que tu puisses retourner à la personne que tu étais avec la vie que tu avais avant.

Au cours des années où j'ai participé à des programmes de récupération conventionnels, il ne m'a jamais semblé que ne pas boire, ne pas fumer ou ne pas exercer mes autres comportements habituels était suffisant. Et même si j'étais consciente que ne pas exercer ces comportements m'ouvrirait plus de possibilités — je n'aurais plus la gueule de bois, j'aurais une meilleure capacité physique avec mes poumons — je n'ai jamais aimé l'idée de la possibilité que l'addiction me pendrait toujours au nez en toile de fond comme quelque chose sur lequel je n'aurais pas de pouvoir et que je serais condamnée à un programme à vie.

J'ai toujours pensé que la récupération devait être beaucoup plus que cela. Alors que les concepts de *La bonne réparation pour toi* commençaient à prendre forme, j'ai commencé à chercher plus en profondeur ce que la véritable récupération pourrait être. Dans ce chapitre, j'aimerais présenter quelques éléments de réparation telle que je l'envisage.

En lisant ce chapitre, je t'encourage à prendre des notes sur ce à quoi ressemblerait la réparation pour toi, parce que cela peut être différent pour chacun. Plus ta conscience de ce que la récupération est pour toi grandit, plus tu seras en mesure d'en faire une cible plus facile à atteindre pour toi-même. Ce qui est important, car si tu ne sais pas ce qu'est la réparation pour toi, tu ne peux pas avoir de cible atteignable. Tu ne la reconnaîtras pas quand elle se présentera. Disons, par exemple, que tu aimerais avoir plus d'abondance dans ta vie, mais que tu ne définis pas ce qu'est l'abondance. Comment saurais-tu quoi viser ? Et comment saurais-tu que tu y es parvenu ? Il en va de même pour la véritable réparation. Il faut que tu saches ce que tu vises. Cela ne veut pas dire que tes concepts et cibles ne vont pas changer à mesure que tu grandis et que tu choisis ce qui est expansif pour toi. C'est simplement un point de départ pour toi pour te donner une direction.

Détruis et décrée tout ce que tu as décidé que la récupération était

Avant de commencer à parler de ce à quoi pourrait ressembler une véritable récupération, j'aimerais t'inviter à détruire et décréer tout ce qu'on t'a toujours dit que la récupération était ou n'était pas. Si tu abordes ta récupération à partir d'une idée fausse conventionnelle, des croyances rigides ou des définitions de la récupération, tu vas limiter ce qui est possible pour toi.

Après avoir détruit et décréé toutes les idées concernant la récupération que tu as acceptées, crues ou auxquelles tu t'es accordé, je t'invite à considérer les possibilités suivantes :

- Et si la véritable récupération n'était pas atteindre un état d'abstinence, mais plutôt un processus continu consistant à poser des questions, à regarder les possibilités et à faire des choix qui permettent à ta vie de s'expanser de façons que tu n'as jamais même pu rêver ?
- Et si la véritable récupération, c'était devenir conscient de l'énergie de ce que tu aimerais que ta vie actuelle et future soit, et puis de choisir cette énergie ?
- Et si la véritable récupération c'était choisir la conscience ?

La conscience

Cette dernière question fait émerger un point clé : et si la véritable récupération c'était choisir la conscience ? Beaucoup de gens parlent de conscience, mais la seule personne que je connaisse qui l'ait véritablement définie, c'est Gary Douglas. Gary dit : « la conscience inclut tout et ne juge rien. » L'addiction est incluse dans ton univers, mais ce n'est pas pour autant que tu doives la choisir.

Quand tu choisis la conscience, toutes les possibilités sont disponibles pour toi. Quand tu choisis l'addiction, l'inconscience et l'anticonscience sont tes seuls choix. La véritable récupération, c'est avoir toutes les possibilités qui te sont disponibles — sans te limiter toi ni ta conscience. Choisir la conscience te permet de faire des choix à partir d'un champ beaucoup plus vaste et plus expansé de conscience.

Presque tout le monde connaît l'énergie et les schémas de l'addiction — comme quelque chose de contracté et limité, cet espace où « je n'existe pas ». Mais tout le monde ne reconnaît pas l'énergie de la conscience ou de la réparation. Alors j'aimerais parler de quelques-uns des choix que tu pourrais faire si tu veux vraiment embrasser la véritable réparation.

Le choix d'être conscient requiert de toi de rester en dehors des fantasmes, des espoirs irréalistes ou de t'attarder sur le passé ou le futur. C'est la volonté de rester présent à toi-même et aux autres et à toute information qui te parvient. Même si cela peut te paraître être une cible accablante a priori, cela te permet d'être beaucoup plus dans la maîtrise de ta vie. Tu ne peux choisir quelque chose que si tu es prêt à reconnaître que c'est là depuis le début.

Un choix très proche de cela est **le choix de ne rien éviter.** Je ne parle pas de contourner un nid de poule ou d'évacuer la ville à l'approche d'un cyclone. Cela, c'est le bon sens. Je parle de la volonté de voir en face tout ce qui arrive plutôt que de te tourner vers un comportement addictif et compulsif pour gérer ce que tu as décidé qui était ingérable pour toi. Ce qui est formidable avec le choix de ne rien éviter, c'est que quand tu le choisis, tu constates que tu es en fait beaucoup plus compétent et puissant que tu n'as bien voulu l'admettre.

Le choix d'avoir un cadre de référence interne. Quand tu as un cadre de référence interne, tu n'es plus l'effet de ceux qui t'entourent. Tu agis comme la source créative dans ta vie plutôt que d'être l'effet de ce qui se présente. Tu ne te préoccupes pas de ce que les autres pensent de toi ni de suivre les rôles acceptés, les schémas de comportement ou les devoirs et obligations à partir desquels tant de gens fonctionnent. Au lieu de cela, en étant présent et en choisissant ce qui fonctionne pour toi, tu peux mener une vie qui est unique et qui est la tienne. Cela ne signifie pas que tu n'as pas conscience des autres ou de ce qu'ils requièrent ou désirent de toi. Il ne s'agit pas d'être un loup solitaire. Cela signifie simplement que tu es prêt à être toi, peu importe les pressions que les autres mettent sur toi.

Le choix de savoir ce que tu sais et d'agir à partir de cet espace est très proche du fait d'avoir un cadre de référence interne. Il s'agit de te faire confiance plutôt que de rechercher des réponses à l'extérieur de toi. Cela ne veut pas dire que tu n'as pas à demander ou prendre des informations. Cela veut dire que tu te fais confiance de savoir ce qui est vrai pour toi et d'entreprendre les actions appropriées sur la base de ce savoir.

Le choix de posséder le fait que tu as créé tout dans ta vie et que les choses ne « t'arrivent pas » tout simplement. Cela ne veut pas dire que tu sois responsable du comportement des autres ou que tu n'as pas subi d'abus ou d'autres événements traumatiques dans ta vie, mais cela veut dire que tu es responsable de tes réactions et de toutes les actions que tu as choisi d'entreprendre. Les gens qui se voient comme des victimes impuissantes de quelque chose qui « leur est arrivé » restent souvent coincées dans ce mode victime pour toujours et sont rarement capables d'aller au-delà de leur comportement addictif et compulsif.

On me demande souvent pourquoi certaines personnes sont capables de dépasser leurs addictions et d'autres pas. L'un des grands facteurs, c'est la volonté d'admettre que l'addiction ne leur est pas tombée dessus, mais qu'ils ont fait des choix qui a mené à leur comportement addictif et compulsif. C'est en fait une excellente nouvelle, parce que si tu as fait des choix qui t'ont mené à ton comportement addictif et compulsif, tu peux faire des choix différents pour te mener à ta réparation.

Le choix d'être heureux et joyeux. C'est *vraiment* un choix. Si tu crois que tu ne peux être heureux que si... ou quand..., tu te rends à nouveau l'effet des circonstances. Et si tu choisissais d'être heureux maintenant tout de suite ? Captes-tu l'énergie de cela ? Vois-tu comment tu pourrais inviter et créer des expériences différentes ainsi plutôt qu'en étant misérable ? Certaines personnes croient que si un ami ou un membre de la famille est déprimé ou malade, ce n'est pas bien d'être joyeux. Mais est-ce que tu leur rends vraiment service, à eux ou au monde, en t'alignant sur leur énergie ? Si tu fonctionnes à partir de la tristesse et de l'inquiétude, peux-tu être le cadeau que tu es quand tu es heureux ? La volonté d'être heureux est une contribution énorme pour le monde et cela te mènera aussi à une vie plus expansive pour toi.

OUTIL : COMMENT EST-CE QUE ÇA DEVIENT ENCORE MIEUX QUE ÇA ?[14]

Voici une question que tu peux poser en toutes circonstances pour inviter de nouvelles possibilités dans ta vie. Teste-la quand quelque chose de positif ou agréable arrive. Tu viens d'avoir une promotion, tu as bien réussi un test ou tu pars pour de chouettes vacances ? Demande : « Comment est-ce que ça devient encore mieux que ça ? » Tu pourrais être étonné de ce qui se présente alors.

14 « Comment est-ce que ça devient encore mieux que ça ? » est un outil d'Access Consciousness®.

Tu peux aussi l'utiliser quand tu tires la conclusion que quelque chose est mal ou terrible. Viens-tu de te fouler la cheville ? Une serveuse vient de renverser du café bouillant sur toi ? Es-tu coincé dans le trafic ? Demander « Comment est-ce que ça devient encore mieux que ça ? » te permet de voir que quelque chose de positif peut découler de n'importe quel événement.

Récemment, je roulais toute seule et j'ai crevé un pneu sur l'autoroute. Plutôt que d'aller au « Oh non ! Quelle plaie ! », je demandais sans arrêt : « Comment est-ce que ça devient encore mieux que ça ? »

Presque immédiatement, un policier s'est arrêté et m'a aidé à changer le pneu. « Comment est-ce que ça devient encore mieux que ça ? »

Quand tu demandes encore et encore « Comment est-ce que ça devient encore mieux que ça ? », tu t'ouvres de plus en plus au recevoir et ta vie commence à se présenter différemment.

Ce peut aussi être très utile avec ton comportement addictif et compulsif. As-tu choisi de ne pas t'arrêter dans ce bar pour quelques verres comme d'habitude avant de rentrer chez toi ? As-tu choisi d'écouter ton corps et de ne pas te resservir comme d'habitude une deuxième et troisième fois ? As-tu choisi de ne pas rester à travailler tard le soir pour la quatrième fois en suivant ? En demandant « Comment est-ce que ça devient encore mieux que ça ? », tu reconnais les choix que tu as faits qui expansent ta vie et t'invitent à encore plus d'aisance et de choix quand tu gères ton addiction.

Si tu choisis d'exercer ton comportement addictif et compulsif et que tu demandes : « Comment est-ce que ça devient encore mieux que ça ? », cela t'ouvre à d'autres possibilités. Beaucoup de gens pensent que s'ils ont juste un rapport sexuel de plus qui a une composante compulsive, ils doivent lever les bras au ciel et en avoir encore plus et encore plus. Ou, s'ils sortent et dépensent excessivement pour acheter de nouveaux gadgets, ils doivent continuer à faire ça. En demandant « Comment est-ce que ça devient encore mieux que ça ? », cela crée un espace qui offre une occasion de choisir quelque chose de différent.

Le choix d'avoir du laisser-être pour toi-même et pour les autres. Le laisser-être, c'est la volonté d'avoir un « point de vue intéressant» sur toi-même et tout le monde et tout le reste. C'est la volonté d'être conscient que les gens ont le choix de créer leur vie et que ce n'est pas à toi de leur dire ce qu'ils doivent faire ou ne pas faire.

Laisser être est différent d'accepter. L'acceptation implique un jugement. Tu as déjà décidé que quelqu'un a fait quelque chose de mal ou qu'il est en tort, mais tu vas l'accepter de toute façon. C'est une position de supériorité. Le laisser-être, c'est une position de neutralité. Les choses sont ce qu'elles sont ; tu ne les juges pas dans un sens ou dans l'autre, ce qui te permet d'être conscient de ce qui se passe réellement. Tu te hisses alors au-delà des dictats du bien et du mal, du juste et du faux, dans ton propre espace de conscience et de savoir. Tu fais confiance à ton savoir et tu as une assurance qui vient du fait que tu es conscient d'avoir les outils et le pouvoir de créer la vie que tu désires.

Le choix de ne pas raconter d'histoires et de ne pas être dirigé par des histoires. Les histoires sont le moyen que nous utilisons pour justifier et expliquer notre comportement et celui des autres : « Je joue parce que ma mère jouait. », « Je suis accro à la pornographie parce que mon père m'en montrait quand j'étais petit. », « Mon mari abuse de moi parce qu'il était abusé en tant qu'enfant. » La plupart d'entre nous embellissent leurs histoires pour les rendre plausibles, mais les histoires ne sont que des histoires, tu ne peux pas aller de l'avant et changer quoi que ce soit. Le choix de ne pas raconter d'histoires, c'est aussi le choix d'être présent à ce qui est, plutôt que d'utiliser le passé pour expliquer pourquoi tu es comme tu es. Toutes les histoires te maintiennent dans l'énergie de l'addiction.

(Note bien que quand je parle des histoires, je ne parle pas de donner de vraies informations. Je demande souvent aux clients leur histoire par rapport à l'addiction parce que cela me fournit des faits et compréhensions qui seront très utiles à notre travail. Les histoires qui ne sont pas utiles sont celles qui sont utilisées pour nous distraire de l'essentiel ou pour offrir une raison et/ou justification au comportement.)

Le choix d'être vulnérable. Être vulnérable est souvent vu comme une faiblesse. En fait, c'est précisément le contraire. C'est une position de force et de courage. La vulnérabilité totale, c'est la volonté de laisser tomber toutes tes barrières et de recevoir tout. C'est la volonté de ne pas agir à partir d'idées préconçues sur ce que tu veux bien recevoir et ce que tu ne veux pas recevoir. Par exemple, as-tu décidé que tu allais recevoir de ce type de personne, mais pas de tel autre type de personne ? As-tu décidé que tu allais recevoir de la ville, mais pas de la campagne ? As-tu décidé que tu allais recevoir des livres, mais pas de la télévision ? Il faut un formidable courage pour laisser tomber ses barrières, ses idées préconçues et tout ce que tu as décidé qui était bien ou mal et tout ce que tu as solidifié — et simplement recevoir tout sans jugement. Nous avons tendance à penser que les barrières nous protègent, mais en dressant des barrières, nous nous empêchons de recevoir de l'information, des prises de conscience et beaucoup d'autres choses qui sont cruciales pour notre bien-être.

Le choix d'avoir de la gratitude pour tout et tout le monde dans ta vie. La gratitude, c'est voir la contribution que chaque être ou événement apporte à ta vie, même ceux que tu as peut-être jugés comme négatifs. Ce n'est pas une approche à la Pollyana. C'est en fait assez réaliste. Quand j'ai été pour la première fois en récupération, je déplorais les années que j'avais perdues à cause de l'alcool ; maintenant j'ai de la gratitude pour ces années. Sans ma propre expérience de l'addiction et de diverses formes de récupération, je ne ferais pas le travail que je fais avec tant de plaisir. Chaque être et chaque événement peuvent faciliter plus de conscience pour nous si nous le permettons. La volonté d'être reconnaissant crée une énergie d'aisance, d'expansion et un mouvement vers l'avant tandis que les regrets et le ressentiment mènent à la contraction, à la résistance et à la réaction.

Le choix d'être en communion avec ton corps. La véritable réparation requiert de toi d'avoir une connexion de célébration avec ton corps. Si tu n'es pas connecté à ton corps, tu ne peux pas vraiment mettre fin à l'addiction parce que tu n'es pas pleinement présent. Les corps sont toujours abusés et négligés quand nous exerçons des comportements addictifs et compulsifs.

Lé réparation doit inclure le corps d'une façon qui l'honore et en prenne soin. Quand il est traité avec bienveillance et considération, ton corps peut devenir ton meilleur ami et te fera tant de cadeaux que tu ne peux même pas imaginer.

Le choix d'agir à partir de l'*être* plutôt que du *faire*. Beaucoup de gens tentent de prouver leur valeur par ce qu'ils *font*. Par exemple, une femme pourrait dire : «Je serai une super mère. Je préparerai des cupcakes deux fois par semaine, j'inscrirai mes enfants à des activités extrascolaires et je m'assurerai de consacrer au moins deux heures aux devoirs tous les soirs.», ce qui est très différent d'*être*, parce qu'être une vraie super mère, ce n'est pas dresser une liste d'actions prédéterminées. Ce sera différent pour chaque mère. Quand tu es vraiment une super maman, tu lis l'énergie de tes enfants et tu vois en quoi tu peux être une contribution pour eux. Il n'y a pas d'idée fixe concernant ce à quoi être mère est supposé ressembler ou ce que tu es supposée faire en tant que maman.

Quand tu choisis d'agir à partir de l'*être* plutôt que du *faire*, tu permets à tes actions d'émaner de la lecture de l'énergie d'une situation et du fait d'avoir vu comment tu peux contribuer plutôt que d'utiliser une action prédéterminée pour prouver que tu es quelque chose. Être, c'est une question d'énergie et d'espace que tu es prêt à être. Plus tu te présentes en tant que toi-même, plus tu embrasses l'énergie d'être.

Le choix de fonctionner à partir de la question, de la possibilité et de la contribution[15]. Les gens en véritable récupération sont toujours dans la question ; ils ne se préoccupent pas des réponses. Ils savent que les réponses limitent et que les questions donnent le pouvoir. Quand tu poses des questions, tu reçois un flux continu qui crée de nouvelles possibilités. Chaque choix que tu fais crée aussi un nouvel ensemble de possibilités et offre de nouvelles façons d'être et de recevoir la contribution.

Ce qui contraste par rapport à un fonctionnement basé sur des décisions, jugements, conclusions et en pilote automatique. En fonctionnant à partir de ceux-ci, tout est fixe, arrêté et contracté. Fonctionner à partir de la question, du choix, des possibilités et de la contribution ouvre la porte à une vie expansive, joyeuse et en constante évolution.

Qu'es-tu prêt à choisir ?

La véritable réparation est un processus continu. C'est un processus en constante expansion qui change continuellement. Souviens-toi, tu es l'antidote à l'addiction. La volonté de te présenter au monde en tant que toi te permet de participer à une récupération qui va au-delà de tout ce que tu as pu imaginer auparavant. Chacun de ces choix crée un espace où il est difficile pour des comportements addictifs et compulsifs d'exister. Le simple fait de faire un ou deux choix te permet de commencer à être plus conscient, à changer ton énergie et créer un tout nouvel ensemble de possibilités.

S'il te plaît, choisis ce qui fonctionne pour toi, sache ce que tu sais, et aie le courage d'aller de l'avant et d'être le cadeau que tu es vraiment.

15 « Fonctionner à partir de la question, du choix, de la possibilité et de la contribution » est un concept d'Access Consciousness.

ANNEXE

Le jugement est protéiforme

Dans le quatrième chapitre, j'ai parlé de plusieurs formes courantes que le jugement peut prendre, mais il peut aussi prendre des formes moins évidentes. Si tu choisis de lâcher le jugement, tu pourrais trouver utile d'identifier les façons nombreuses et plus subtiles que le jugement peut revêtir dans la vie. D'autant plus que le jugement est si étroitement lié au fait d'adopter un comportement addictif et compulsif.

LES CONCLUSIONS

LES CROYANCES

LES CONVICTIONS

LES DÉCISIONS

LA FINALITÉ

LES RÉSOLUTIONS

LA DÉTERMINATION

LES DÉFINITIONS

LA COMPARAISON

LA CONCURRENCE

LA SIGNIFICATION

LES JE DOIS, JE DEVRAIS ET TOUTES LES OBLIGATIONS

Les conclusions. Le jugement prend fréquemment la forme de conclusions. Alors, à quoi ressemble une conclusion ? Elle est souvent une interprétation des événements. Disons qu'une personne que tu connais te croise dans la rue sans te faire signe ni te dire bonjour. Tu pourrais conclure : « Elle ne m'aime pas » ou « Il doit y avoir quelque chose qui cloche chez moi. » ou « Je dois l'avoir vexée. »

Au lieu de cela, si tu posais une question comme : « Que se passe-t-il pour cette personne ? » ? Si tu posais une question, tu pourrais voir qu'elle passe une mauvaise journée ou qu'elle ne t'a pas reconnu. Une question peut tout changer. Mais la plupart d'entre nous ne posent pas de question. Nous allons tout droit à la conclusion.

Ou bien, disons encore que tu investis un peu d'argent dans une affaire et celle-ci ne tourne pas comme tu l'aurais souhaité. Tu pourrais conclure : « Les choses ne tournent jamais bien pour moi. » ou « Je ne suis pas doué avec l'argent. » Au lieu de cela, si tu posais des questions comme : « De quoi est-ce que je ne voulais pas être conscient à ce sujet ? Y a-t-il un moyen d'améliorer les choses ? Est-ce la façon dont je devrais investir, ou bien puis-je faire quelque chose différemment ? »

Quand tu poses une question, tu t'extrais de la conclusion pour entrer dans la conscience de possibilités différentes.

Les croyances. Le jugement peut aussi prendre la forme de croyances. Une croyance, c'est quelque chose que tu as décidé qui était vrai sur la base de ton expérience. Ou bien, ce pourrait être quelque chose que tu as acheté d'une personne d'autorité qui t'a dit que c'était vrai. Une croyance peut concerner n'importe qui ou n'importe quoi, y compris toi-même.

As-tu adopté des croyances à ton sujet comme une partie de ton identité ? Ce pourrait être des choses comme : « Je suis bon en affaires. C'est ma plus grande force. » ou « Je ne suis tout simplement pas créatif. » ou « Je suis désorganisé. » Ces croyances sont juste une autre forme de jugement — et c'est quelque chose que tu ferais bien de laisser aller. Tu pourrais penser : « Ça, ça va être difficile ! » Ces choses semblent vraies. Et qui serais-je sans elles ? Souviens-toi, une croyance est une forme de jugement et un jugement a une charge, alors que la conscience pas. Si tu dis « Je suis bon en affaires » et qu'il n'y a pas de charge, c'est peut-être une prise de conscience. Il est très utile de vérifier l'énergie de tout ce que tu dis à ton sujet.

Lâcher les croyances que tu as de toi-même est un concept simple, mais en pratique, cela peut prendre un certain temps, parce qu'on nous a appris depuis le début de notre vie à nous juger nous-mêmes. Et ce sont ces jugements — ces croyances — qui cadenassent tout en place dans notre vie. Ils ne nous laissent aucune marge de manœuvre.

Ensuite, il y a les croyances qui émergent en relation avec l'addiction : « Addict un jour, addict toujours », « Se débarrasser d'une addiction est un processus long et douloureux », ou « l'addiction signifie qu'il y a quelque chose qui cloche terriblement chez moi. »

Il y a aussi les croyances qui émanent de notre expérience. J'ai travaillé avec des hommes qui ont des croyances du style : « Toutes les femmes sont fourbes. Elles finissent toujours par te trahir. » Et j'ai travaillé avec des femmes qui m'ont dit des choses comme : « Tous les hommes sont des abuseurs. »

Ma réponse a toujours été : « Vraiment ? Et sur quoi te bases-tu pour dire ça ? »

L'homme ou la femme en question disent alors des choses du genre : « J'ai vécu ça. Ma femme m'a trahi. » ou « J'ai été mariée trois fois et trois fois mon mari a abusé de moi. C'est bien la preuve. »

Les croyances sont basées sur ton expérience limitée et sont nuisibles pour toi ; parce que ton point de vue crée ta réalité. Si tu as décidé que toutes les femmes allaient te trahir ou que tous les hommes sont des abuseurs, c'est exactement ce que tu vas créer dans ta vie. Tu expérimenteras toujours ce que tu choisis de croire.

Nous adoptons aussi les croyances de notre société, de notre culture, de notre pays et de notre religion. Elles sont toutes à la racine des préjugés. Toutes les femmes sont ____, tous les hommes sont ____, tous les gens de couleurs sont ____, tous les Italiens sont ____, tous les Juifs sont ____. Je t'encourage à remettre en question chacune des croyances que tu as, d'où qu'elle provienne, car chaque croyance est un jugement sous une forme ou une autre. Utilise des questions comme :

- Cette croyance est-elle vraiment vraie pour moi ?
- Qu'est-ce que je sais à ce sujet ?
- De qui ai-je acheté cette croyance ?
- Comment me sert-elle dans ma vie ? Ou comment me dessert-elle ?
- Suis-je prêt à lâcher cette croyance ?
- Ai-je utilisé cette croyance pour me définir et me donner une identité ?
- Ai-je le jugement que si je laisse partir cette croyance, je ne saurai plus qui je suis ?

Les questions t'emmènent au-delà des croyances. Elles te donnent la liberté que tu recherches parce qu'elles vont t'aider à créer de nouvelles voies et possibilités pour toi. Au lieu de cela, demande : « Y a-t-il d'autres possibilités ? »

Les convictions. Les convictions sont une forme particulièrement rigide ou solidifiée des croyances, qui peuvent avoir des effets profonds sur ta vie. Nous utilisons souvent les convictions pour organiser notre monde ; par exemple, « Je ne peux pas lâcher mon comportement addictif. J'en ai besoin pour survivre. » Peu importe la forme que prennent les convictions, elles contiennent toujours un jugement. Elles excluent la conscience et la possibilité et elles ne te laissent aucun endroit où aller, parce que, comme je l'ai dit, chaque fois que tu as un point de vue fixe, rien de ce qui n'y correspond pas ne peut se présenter.

L'un des signes indicateurs d'une conviction, c'est quand les gens deviennent très fervents par rapport à leur point de vue. Ils sont *convaincus* que c'est vrai. Par exemple, si tu as la conviction que l'addiction est l'œuvre du diable, tu te condamnes à créer cela comme ta réalité. Toutefois, si tu es prêt à poser des questions comme : « L'addiction est-elle vraiment l'œuvre du diable ? Ou bien ai-je eu un rôle à jouer là-dedans ? Est-ce que je peux déblayer ça ? Quoi d'autre puis-je faire pour aller au-delà de cette addiction ? Où d'autre puis-je trouver un point de vue différent ou plus d'information ? », alors tu auras la possibilité que quelque chose d'autre se présente dans ta vie.

Les décisions. Les décisions sont toujours basées sur des jugements. Il y a une grande différence entre *choisir* et *décider*. Le choix est ouvert et expansif. La décision a une solidité en soi. « J'ai décidé de faire ceci. Et je vais le faire. » C'est tout. Elle inclut quelque chose de définitif.

Les décisions nous piègent parce qu'une fois que nous prenons une décision, nous pensons qu'elle doit être maintenue. Par exemple, si tu as *décidé* d'accepter un boulot, à quel point es-tu prêt à être conscient un mois plus tard que ce boulot ne fonctionne pas pour toi ? À quel point es-tu libre de dire : « Tu sais quoi ? Je fais faire quelque chose de différent. »

Il y a autre chose à propos des décisions. Les décisions sont souvent prises à travers un processus d'analyse qui recourt à l'esprit. Tu essaies de calculer si tu devrais accepter ce boulot en analysant les horaires, le salaire, les avantages et d'autres facteurs — et tu exclus ton savoir et ta conscience. Tu penses que si tu analyses tout correctement, tu aboutiras à la bonne décision. Mais ce type d'analyse a-t-il jamais fonctionné pour toi ? Non. Pourquoi ? Parce que comprendre les choses n'est que jugement.

Non seulement cela, mais nous avons aussi tendance à nous juger gravement si nous allons contre nos décisions. Par exemple, tu commences à sortir avec un homme et tu décides que c'est le type le plus formidable du monde et deux mois plus tard, tu réalises qu'il est en fait très égocentrique et qu'il a très peu d'estime pour toi. Il pourrait alors être difficile de te dire : « Attends une minute, je change d'avis. Je le quitte. » En général, les gens ont le sentiment qu'ils doivent s'en tenir à leurs décisions, mais cela rend la décision plus grande et plus importante que leur conscience de ce qui se passe en réalité.

Au lieu de fonctionner à partir de la décision, je t'encourage à passer au choix. Le choix, c'est être présent à chaque instant et voir ce qui va fonctionner pour toi. Avec le choix, tu peux choisir encore et encore. Tu peux demander : « Est-ce que c'est expansif d'accepter ce boulot? Non? OK. » Tu peux choisir autre chose. N'est-ce pas très différent d'un « Et bien, j'ai décidé d'accepter ce boulot, alors je vais m'y coller pour toujours même si ce n'est pas du tout ce que je veux » ?

Avec le choix, tu peux dire : « Je choisis de faire ce régime » et cinq jours plus tard, tu peux dire : « Mon corps ne veut plus faire ça. Je vais choisir autre chose. » Ou bien tu pourrais *décider* et dire : « C'est un programme de six semaines, et je vais m'y coller, même si je me sens super mal et que mon corps me dit qu'il ne veut plus le faire. »

L'une des seules constantes dans la vie c'est le changement. Les choses changent tout le temps. Pourtant, il y a dans cette réalité un jugement énorme qui mesure la santé mentale des gens en fonction de leur constance et de leur engagement. Nous admirons les gens qui s'accrochent aux choses envers et contre tout. « Je suis mariée avec la même personne depuis soixante ans. » « Je vis au même endroit depuis quarante ans. » C'est merveilleux — si tu aimes la personne avec qui tu es mariée ou l'endroit où tu vis. Mais tu n'honores ni un lieu, ni une autre personne, ni toi-même, ni quoi que ce soit, si tu sais que quelque chose ne fonctionne pas et que tu agis comme si tout allait bien.

Les décisions te maintiennent dans la contraction, parce qu'elles sont basées sur un jugement. Le choix, lui, est basé sur la conscience ; il te permet de t'expanser et de t'honorer toi, tout, et tout le monde — et le choix t'aidera à aller au-delà de l'addiction.

La raison d'être. La raison d'être, c'est la raison pour laquelle quelque chose existe, est fait ou utilisé. Beaucoup de gens disent qu'ils veulent avoir une raison d'être. Mais combien de jugement la « raison d'être » implique-t-elle ? Et à quel point cette déclaration de mission de vie te coupe-t-elle de ta conscience et des possibilités ?

Par exemple, si ta raison d'être est d'être gentil, tu as pris un jugement qu'être gentil était le seul comportement approprié quelles que soient les circonstances. Et si quelqu'un te vole et que tu as décidé que ce ne serait pas gentil de lui dire qu'il ne peut pas venir chez toi ? Alors, la personne continue à venir chez toi et à voler et tu continues à te dire : « Eh bien, j'ai pour but d'être gentil, alors je ne peux pas lui demander de partir. »

Vois-tu comment le fait d'avoir un but dans la vie peut te limiter ? Quand tu as un objectif de vie, tu ne peux pas être conscient et choisir d'instant en instant. Cela ne te permet pas d'avoir la véritable liberté. Au lieu d'avoir un objectif de vie, je t'encourage à avoir des priorités. Elles ne sont pas gravées dans la pierre. Si tu fais d'être gentil une priorité (plutôt qu'un objectif), tu peux être conscient en toutes circonstances et dire : « Ma priorité, c'est d'être gentil ici. À quoi cela ressemblerait-il ? » Peut-être qu'être gentil dans une situation où quelqu'un te vole ça serait d'être gentil envers toi-même et de dire à la personne qu'elle n'est plus la bienvenue chez toi parce que tu es conscient du fait qu'elle te vole.

Je t'invite à passer de l'objectif à la priorité, parce que l'objectif implique d'énormes quantités de jugement et cela te cadenasse de la même façon que le comportement addictif.

Les résolutions. Une résolution est comme un objectif. C'est l'objet ou la fin que tu cherches à atteindre. C'est aussi comme un « gaol »[16], l'orthographe britannique pour « jail », la prison. Les objectifs contiennent toujours du jugement. As-tu pris des résolutions de Nouvel An que tu n'as pas tenues ? Pourquoi ? Parce qu'elles étaient basées sur le jugement que tu devrais faire ça — et que c'était ça la chose bonne et correcte à faire. Tu as pris une résolution et tu t'es enfermé dans la prison de ton jugement.

Les résolutions ne sont pas basées sur la conscience de ce qui est vraiment. Et elles sont fixes ; ce sont des points de vue fixes. Que se passe-t-il lorsque les circonstances changent ? Auras-tu la conscience de réaliser cela et d'entreprendre l'action appropriée ? Ou bien ton attention restera-t-elle fixée sur ta résolution ?

Une autre difficulté liée aux résolutions et aux objectifs, c'est qu'ils ont tendance à mener à encore plus de jugement de soi. Quand nous nous verrouillons dans une résolution ou un objectif, nous sommes coincés avec eux même si les circonstances changent. Par exemple, si tu prends la résolution d'arrêter de fumer avant la fin du mois et qu'un membre de ta famille meurt ou qu'il y a une crise au travail et que fumer est l'un des moyens que tu as de gérer le stress, il pourrait être irréaliste d'attendre de toi que tu arrêtes de fumer à ce moment-là. Et si tu as pris la résolution ou fixé l'objectif d'arrêter de fumer et que tu continues à fumer, au bout du compte, tu vas te juger sévèrement.

Il est plus expansif de lâcher tes objectifs et résolutions et de te choisir des cibles. Une cible est quelque chose que tu vises,

16 NdT Le mot « gaol » (geôle) ressemble à s'y méprendre à « goal » (but ou objectif)

qui peut bouger et s'ajuster à mesure que tu prends conscience de nouvelles possibilités.

Le discernement. Le jugement se présente aussi sous la forme du *discernement*. En fait, le discernement est défini comme la disposition à juger avec justesse. C'est le processus de sélection de ce qui est bien, mal ou de ce qui en vaut la peine.

Le discernement est aussi utilisé en rapport avec la volonté de Dieu, c'est-à-dire discerner le bien du mal. Il est généralement utilisé comme excuse pour ne pas être conscient de ce qui se passe en réalité et pour faire tout ce que tu veux. Ce n'est pas un problème tant que tu es clair sur le fait que tu choisis le jugement plutôt que la conscience.

Une femme est venue me voir un jour. Elle venait d'entamer un programme de récupération traditionnel pour se débarrasser d'une longue addiction à la cocaïne. Elle avait été accro à la cocaïne pendant toute l'adolescence de sa fille. Quand sa fille avait dix ans, elle avait un jour trouvé sa mère inconsciente à cause d'une overdose et avait dû appeler les secours. Il y avait eu d'autres événements de ce genre durant la vie de sa fille. J'ai demandé à cette femme : « Comment ça serait si on faisait une thérapie pour ta fille ? » La femme s'est vexée. Elle n'était clairement pas prête à voir ce que son addiction avait pu créer pour sa fille. Quand elle est revenue pour sa séance suivante, elle a dit : « Je ne vais pas travailler avec vous, parce que je sais que ce n'est pas la volonté de Dieu que ma fille soit en thérapie. Elle n'en a pas besoin. Je vais juste faire ce programme de récupération et je n'ai pas besoin de poser de questions pour savoir comment ma fille a vécu mon addiction. »

Quand quelqu'un utilise le discernement de cette façon, il est inutile de discuter. La personne a déjà choisi et solidifié ce qu'elle a décidé qui était réel et vrai. Vu son insistance, je lui ai juste souhaité le meilleur et l'ai saluée.

Les définitions. Quand tu définis qui tu es et qui tu n'es pas, tu t'empêches de changer et d'être tout ce que tu peux être — parce que tu es allé dans le jugement.

J'avais l'habitude de me définir comme une personne incapable de traiter d'importantes piles de papier. Il fallait que quelqu'un le fasse pour moi. Je disais : « La paperasse, ce n'est pas mon truc. » Quand j'ai regardé en arrière, j'ai vu qu'on m'avait dit très tôt que je n'étais pas douée pour l'administration et puisque cela ne m'intéressait pas, je n'ai jamais développé la compétence nécessaire pour cela. Récemment, j'ai demandé « Que faudrait-il pour que je développe ma capacité à gérer la paperasse ? Pas que je ne puisse pas engager quelqu'un pour m'aider, mais est-ce une possibilité pour moi ? » C'était léger.

Alors, j'ai commencé à apprendre comment m'y prendre. Et maintenant, je suis parfaitement capable de gérer des piles de papier. Si j'étais restée dans le jugement et la définition de qui j'étais, c'est-à-dire quelqu'un qui n'était pas capable de gérer d'importantes quantités de paperasse — je n'aurais jamais pu changer.

Te définir comme quoi que ce soit, y compris comme quelqu'un de dépendant, est une autre façon de te limiter ou de te diminuer, parce que tu es tellement plus que n'importe quelle définition dont tu t'affubles. Quand tu utilises la conscience plutôt que les définitions, tu peux faire et être bien plus que ce que tu juges que tu peux faire ou être. Alors, s'il te plaît, n'utilise pas de définitions pour te limiter.

La comparaison. La comparaison peut aussi être une forme de jugement. Ce qui est particulièrement vrai quand la comparaison prend quelque chose de complexe et multidimensionnel et la réduit à une ou deux caractéristiques et l'évalue par rapport à autre chose qui a été réduit de la même manière et puis aboutit à un jugement à propos d'une personne ou chose entière et multifacette. Ce type de comparaison est trompeur et dénué de sens, car le contexte de l'ensemble a été ignoré. Ces comparaisons sont des mensonges ou une déformation, au mieux.

Le fait de te comparer à quelqu'un d'autre retire et masque inévitablement ce qui est absolument unique en toi. Y a-t-il une seule personne au monde à qui tu pourrais vraiment te comparer ? Il n'y a aucun autre toi dans le monde, il n'y en a jamais eu et il n'y en aura jamais. Tu es spécial et unique. Chaque fois que tu te compares à quelqu'un d'autre, tu dois te juger, te contracter et te mettre dans l'univers de l'autre, ce qui te diminue immanquablement.

Un autre aspect de la comparaison, c'est qu'elle dépend toujours d'une norme externe. J'ai parlé récemment à un jeune-homme qui était dans un lycée très compétitif. Les résultats des étudiants aux tests avaient été rendus publics et les étudiants comparaient leurs résultats d'examens comme si cela voulait dire quelque chose. Après avoir parlé avec ce jeune homme pendant un temps, il a commencé à voir que les examens étaient une évaluation incomplète et inexacte des élèves de sa classe. Les tests n'indiquaient même pas correctement le potentiel académique des élèves. Pourtant, c'était comme si tout le monde s'était accordé sur le fait que les examens avaient une validité ou un mérite inhérent et que le classement des étudiants à l'examen par rapport à d'autres étudiants était porteur de sens.

La concurrence et la compétition. La concurrence et la compétition sont des formes de jugement qui sont fortement encouragées dans notre culture. La plupart du temps, la concurrence et la compétition impliquent l'idée de battre ou d'être meilleur que quelqu'un d'autre en atteignant une norme arbitraire.

Même si tu « gagnes » la compétition et que tu « bats » quelqu'un, est-ce que cela te satisfait ? Quand tu fais la compétition, que ce soit que tu aies remporté une course, ou gagné le plus d'argent, ou que tu aies eu la plus belle coiffure, tu dois continuer à défendre ton titre pour t'assurer que personne ne te vole ta victoire. Considère cela comme un mode de vie. Tu as complètement limité les choix que tu as à cause de l'énergie que nécessite le fait d'être constamment à l'affût de quelqu'un qui risque de prendre l'avantage sur toi. Et à quel point pourrais-tu te détendre et te présenter en tant que toi quand tu n'es pas en concurrence. Si quelqu'un te fait concurrence, il peut être très tentant d'entrer dans une course. Sans t'en rendre compte, tu pourrais être piégé dans une concurrence avec elle. Mais tu n'es pas obligé d'entrer dans ce jeu — si tu es conscient.

Il y a toutefois un type de compétition qui est génératif, c'est la compétition avec toi-même. Être en compétition avec soi-même ne veut pas dire « Je dois être meilleur » ou « Je dois parvenir à faire les choses comme il faut », mais plus « J'y suis arrivé. C'était fun. Que pourrais-je encore faire ? » Tu t'outrecrées. C'est quelque chose d'expansif ; le jugement en est absent. « Je viens de confectionner des biscuits intéressants. Quels autres cookies pourrais-je confectionner ? Que pourrais-je ajouter à cette recette ? » « J'ai déjà exploré cette portion de la ville, même si cela me faisait un peu peur. Quel quartier pourrais-je encore explorer ? » « Waouh, je choisis de me présenter en tant que moi et j'exerce moins souvent mon comportement addictif et compulsif. Que pourrais-je faire pour renforcer ça ? »

Plus tu choisis d'être qui tu es, moins tu achètes les réalités des autres, ce que fait le jugement. Le jugement requiert que tu achètes la réalité de quelqu'un et que tu te juges selon ses normes. Comment ça serait si tu laissais tomber toute compétition, sauf le fun de t'outrecréer ?

La signification. Pour rendre quelque chose de significatif, il faut toujours du jugement. Qu'est-ce que je veux dire par là ? Par exemple, un jour une buse à queue rousse s'est posée sur la balustrade de mon patio. J'étais ravie de la voir là et j'ai pris de merveilleuses photos. Quand je les ai montrées à des gens, certains ont dit des choses du genre « Waouh, une buse, c'est comme un totem, cela a beaucoup de signification. »

C'était tentant de rendre significative la visite de la buse et de commencer à réfléchir au sens de sa visite, par exemple, « Cela veut dire que je dois développer mon énergie de rapace » ou « Qu'est-ce que signifie la présence de ce rapace sur mon patio pour moi ? » Heureusement, je n'ai pas fait cela, mais j'étais simplement pleine de gratitude pour le cadeau de voir cet oiseau magnifique à juste quelques mètres de moi pour un long moment.

Si tu choisis de ne pas de rendre les choses significatives, tu auras beaucoup plus de conscience et de joie dans ta vie. Vivre véritablement, c'est la joie d'être vivant, d'être toi et d'être conscient. Chaque fois que tu te vois en train de rendre quelque chose de significatif, demande : « Si je ne rendais pas cela significatif, de quoi serais-je conscient ici ? »

Les « tu devrais », « il faudrait » et les obligations. Tous les « tu devrais », « il faudrait » et les obligations de ta vie sont arbitraires. Ils viennent des points de vue et jugements des autres. « Tu devrais rendre visite à ta mère plus souvent. » « Tu ne devrais pas être aussi sexuel. » « Il faudrait que tu m'aides chaque fois que je te le demande. » Quand tu achètes les « tu devrais », « il faudrait » et les obligations, tu achètes l'énergie de la contraction. Tu entres dans la réalité de quelqu'un d'autre et tu renonces au choix dans ta vie.

« Je me dois d'être une bonne personne. » Vraiment ? Et « bonne » selon la définition de qui ? Et qu'est-ce qu'une bonne personne ? Quelqu'un qui est prêt à s'allonger pour faire le paillasson ? « Je suis obligé de m'occuper de certains membres de la famille. » Si ceci est léger et expansif pour toi, si cela t'honore, alors, bien entendu, fais-le. Mais léger n'équivaut pas à une obligation. Il s'agit toujours du choix.

Les obligations te mettent en pilote automatique. Elles ôtent le choix et requièrent de toi d'agir conformément au programme de quelqu'un d'autre. « J'ai des obligations et cela occupe toute ma vie. Je n'existe pas vraiment, mais c'est OK parce que j'assume mes responsabilités et évidemment, je fais cela comme il faut. » Tout cela, c'est du jugement.

Quand tu prends conscience que tu t'es coincé toi-même avec un devoir ou une obligation, demande :

- OK, qu'est-ce que c'est ?
- À qui appartient cette idée ?
- Qui pense que je devrais faire ceci ou que je suis obligé de le faire ?
- Est-ce que ça fonctionne pour moi ?
- Est-ce que cela me donne plus de moi-même ?
- Est-ce que cela ajoute à ma vie ?

Si tu t'es toujours dévoué à prendre soin de tous les membres de ta famille pour qu'ils n'aient pas à le faire eux-mêmes, et que tout d'un coup tu recules et que tu commences à faire des choix qui fonctionnent vraiment pour toi, tu pourrais être jugé comme égoïste. Ce sont souvent les jugements des autres qui nous font revenir aux devoirs et obligations. Sois conscient de cela et n'achète pas l'idée que parce que tu prends soin de toi, tu es égocentrique ou égoïste. C'est en fait exactement le contraire. Quand tu es toi, tu es en voie de devenir le cadeau que tu es pour le monde.

Et quand tu es toi, tu as moins envie d'exercer un comportement addictif et compulsif. Au lieu de cela, tu choisis de bien prendre soin de toi et de ton corps et de faire des choix qui expansent ta vie, même en période de stress.

Épilogue

Laisser l'addiction derrière soi est un voyage qui demande énormément de courage. Si tu choisis ceci, sois doux envers toi. Quand tu commences à lâcher les systèmes de croyances limitantes, les devoirs, les obligations et les responsabilités qui t'ont programmé, tu pourrais rencontrer les résistances des autres ou même de toi-même. Tu iras contre la norme et souvent contre ce qui est considéré comme bien et juste. Souviens-toi, que toi et toi seul sais ce qui va effectivement expanser ta vie. Apprendre que tu peux vraiment te faire confiance que tu sais ce que tu sais, que tu sais quelle est l'action correcte pour toi dans chaque situation peut prendre un certain temps. Il y aura peut-être de nombreux démarrages et arrêts, du découragement ou de l'anxiété. Je t'encourage à persister. Le plus beau cadeau que tu puisses te faire et au monde, c'est de te présenter comme qui tu es vraiment, avec toutes les pièces et morceaux qui ont été jugés comme inacceptables remis en place. Quand tu fais cela, l'addiction ne peut pas exister. L'addiction ne peut être là que quand tu n'es pas toi.

De nombreux clients ont exprimé leur préoccupation : et si j'étais une personne exécrable ? Et si la seule façon de m'empêcher de faire des choses mauvaises était d'agir à partir du jugement ? Non, tu n'es pas exécrable. Quand tu commences à vivre à partir de ce que tu sais être vrai pour toi, plutôt qu'à partir de toutes les formes de jugement qui ont été accumulées sur toi, il y a une incroyable énergie de légèreté et d'expansion qui est une contribution pour tous. Et si tu pouvais être une inspiration pour les autres plutôt qu'un simple rouage dans la machine ? Te présenter comme tu es te libère non seulement de l'addiction, mais cela permet aussi aux autres de voir qu'il y a une possibilité différente. Être la grandeur de toi peut être un peu intimidant. Cela va probablement à l'encontre de tout ce que tu as décidé qui était vrai à ton sujet, mais à quel point cela peut-il être amusant ? Combien de joie, d'expansion, de choix et de possibilité es-tu prêt à avoir en plus ? L'invitation est là. Que vas-tu choisir ?

Définition de l'addiction

L'addiction est un schéma bien établi d'évitement et/ou de fuite d'une vie qui paraît trop accablante et douloureuse. C'est un endroit où les gens vont pour ne pas exister et ne pas ressentir la douleur ou le jugement de soi ou le sentiment d'être intrinsèquement en tort. C'est une fuite du soi imaginaire ou faux vers un endroit contracté d'existence. Que ce soit l'alcool, la nourriture, être une victime ou travailler à l'excès, l'individu trouve un moyen de s'échapper, puis décide erronément que la substance ou l'activité en question sont nécessaires et indispensables à sa survie. Le choix est sacrifié en faveur du mensonge de la dépendance et l'individu entre dans un cercle vicieux où il est de plus en plus diminué. À partir de cet espace, il est facile de croire qu'il n'y a aucune possibilité de libération ou de réparation.

Toutefois, étant donné que les suppositions qui sous-tendent le chemin de l'addiction sont basées sur de la désinformation, des conclusions inexactes et des décisions, la véritable réparation est possible. L'addiction n'est pas une condamnation à vie ou une identité. C'est un schéma comportemental créé, et avec les outils et informations corrects, tout le monde peut trouver un endroit de choix réel avec n'importe quel comportement. À mesure que les individus retrouvent leur pouvoir à demander plus et plus de qui ils sont, le comportement addictif perd son attrait et l'individu est libre de créer la vie qu'il désire vraiment.

Ressources

Pour contacter Marilyn ou en savoir plus sur le programme La bonne réparation pour toi (La bonne réparation pour toi) surfe sur **www.rightrecoveryforyou.com**

Pour en savoir plus sur Access Consciousness® ou trouver un facilitateur Access Consciousness® près de chez toi, surfe sur **www.accessconsciousness.com**

Pour en savoir plus sur la formule de déblayage d'Access Consciousness®, surfe sur **www.theclearingstatement.com**

À propos de l'auteur

Marilyn Bradford, MSSW, MEd., CFMW est une oratrice internationale, psychothérapeute et enseignante qui travaille depuis plus de vingt ans dans le domaine des addictions. Elle est la directrice de La bonne réparation pour toi, une approche radicale et unique pour mettre fin aux comportements addictifs et compulsifs. Ce sont ses propres addictions à l'alcool, à la nourriture et au tort de soi et sa volonté de ne pas accepter l'addiction comme une condamnation à vie qui l'ont menée à créer ce programme transformationnel très différent.

Ayant grandi dans une famille académique qui mettait fortement l'accent sur la logique et la méthode scientifique comme valeurs suprêmes, Marilyn a su très tôt qu'elle ne pourrait pas s'intégrer à ce monde. Elle était une forme carrée qu'on tentait de faire entrer dans un trou rond. Ce que les autres prenaient pour acquis lui semblait insensé. Ce fut le début de cette sensation fondamentale d'être en tort qui l'a finalement menée à s'échapper à travers la nourriture, l'alcool et à s'adapter aux réalités des autres.

À l'époque, il ne semblait pas y avoir d'autre alternative. Plusieurs situations d'abus ont accentué son désir de s'échapper. Après des années d'addiction, Marilyn a entamé un programme de traitement traditionnel. Bien qu'il fût utile pour arrêter l'alcool, l'accent mis sur l'impuissance, le tort et l'étiquette d'alcoolique lui étaient inacceptable. Elle savait en son for intérieur qu'elle et d'autres personnes qu'elle avait rencontrées dans le cadre du programme avaient des capacités créatives et génératives qui étaient ignorées et abîmées par les systèmes de croyances dominants concernant l'addiction.

Au cours de sa recherche d'alternatives, elle a rencontré Access Consciousness® où elle a trouvé des outils et techniques pragmatiques qu'elle a pu utiliser pour retrouver son propre pouvoir et permettre la même chose à d'autres pour aller au-delà des systèmes de croyances limitantes dominants. Voyant l'immense progrès de ses clients en psychothérapie qui venaient la trouver par rapport aux addictions en utilisant ces outils, elle a approché Gary Douglas, le fondateur d'Access Consciousness®, et ensemble, ils ont fondé La bonne réparation pour toi.

Marilyn voyage maintenant dans le monde entier pour offrir à d'autres la chance d'une véritable libération de l'addiction.

Ateliers

La bonne réparation pour toi pour une nouvelle approche radicale permettant de mettre fin à l'addiction rapidement

La bonne réparation pour toi (RRFY), la juste récupération pour toi, est une approche radicalement différente pour libérer les gens des addictions, plus rapidement et avec moins d'énergie que tout autre programme traditionnel. Il ne s'agit PAS d'une thérapie. Il ne s'agit PAS d'une gestion de l'addiction. Il s'agit de totalement METTRE FIN à l'addiction, une fois pour toutes.

Alors que les Alcooliques anonymes requièrent une participation à vie, La bonne réparation pour toi peut permettre aux personnes d'aller dans un espace où ils ont le choix avec leur comportement addictif et compulsif et où ils peuvent guérir leur douleur liée à l'addiction (drogues, médicaments, nourriture, sexe, jeu, travail, maladie, mentalité de victime) en six séances seulement.

Cofondatrice de RRFY, Marilyn Bradford, MSSW, CFMW, MEd., est une oratrice internationale et enseignante qui a travaillé plus de vingt ans dans le domaine des addictions. Elle a elle-même surmonté avec succès ses propres addictions à l'alcool et à la cigarette.

«Les outils et techniques de Right Recovery ont permis de mettre fin à la douleur et à la confusion de l'addiction avec plus d'aisance, moins de temps et moins d'énergie, sans conserver une étiquette pathologique à vie, » témoigne Marilyn. « Ils traitent le problème à la racine, pas juste les symptômes, pour obtenir une récupération complète. »

Qu'est-ce qui rend l'approche Right Recovery si différente ?

1. **L'addiction n'est pas une maladie**

   Contrairement à d'autres programmes, RRFY déclare que l'addiction n'est PAS une maladie, mais juste une série de choix personnels basés sur un manque d'information, de compétences et outils de vie appropriés. Une personne dépendante choisit un discours destructeur, des sentiments négatifs et des conclusions à son sujet et sur la vie.

2. **Créer du choix pas de l'abstinence**

   RRFY ne requiert PAS que les gens abandonnent la substance ou le processus qu'ils ont choisi. Au lieu de cela, RRFY parvient à redonner à chacun le pouvoir d'arriver à un endroit de choix complet pour avoir la liberté, par exemple, de boire ou de ne pas boire.

3. **PAS d'étiquette de dépendant**

   RRFY n'étiquette jamais les gens comme des personnes dépendantes. Au lieu de cela, RRFY voit l'addiction comme un comportement qui prendra fin quand la personne aura les connaissances et les outils de vie appropriés pour reprendre le pouvoir sur le choix de comportement.

4. **La découverte de l'addiction primaire par rapport aux addictions secondaires**

   La découverte de Marilyn qu'il y a une addiction primaire au jugement et au tort de soi lui a permis d'assister ses clients à une transformation encore plus rapide. L'addiction primaire sous-tend toujours n'importe quelle addiction secondaire comme l'alcool, le sexe ou le jeu. Sans déblayer cette addiction primaire, les rechutes et luttes avec d'autres addictions sont courantes.

5. **Un ensemble de questions et d'outils qui redonne le pouvoir personnel**

   La plupart des personnes qui ont des comportements addictifs regardent à ce qui cloche chez elles. RRFY utilise des questions stratégiques et des outils pour permettre aux personnes de travailler leurs addictions et d'y mettre fin. Notamment les questions suivantes :

   Qu'est-ce qui est juste à propos de l'addiction que tu ne saisis pas ? Les addictions procurent toujours un bénéfice à la personne coincée dans le comportement — p. ex. un fumeur peut prendre une pause dans son travail.

- À qui est-ce que ça appartient ? La plupart de nos pensées, sentiments et émotions ne nous appartiennent pas en réalité. Une super question à poser : Pour qui bois-tu ? Ou pour qui dépenses-tu ? Ou pour qui manges-tu ? Ou pour qui prends-tu l'abus ?[17]
- Est-ce lourd ou léger ? Si c'est léger, c'est juste. Si c'est lourd, c'est un mensonge. Avec l'outil lourd ou léger, les gens apprennent à se refaire confiance et cessent d'acheter la version des autres de leur propre vie.*
- Fais quelque chose de différent chaque jour. Tous les comportements addictifs et compulsifs sont des habitudes d'envergure. Développer le muscle de faire quelque chose de différent donne aux gens le pouvoir d'avoir plus de choix par rapport à leur comportement.

---

17 REMARQUE : les questions accompagnées d'un astérisque sont des outils provenant directement d'Access Consciousness®

- Lâche la culpabilité, la honte et le regret. La culpabilité, la honte et le regret sont des états non naturels acquis qui nourrissent l'addiction. Et si tu étais prêt à les laisser partir ?

Pour en savoir plus ou contacter Marilyn Bradford, surfe sur.

Témoignages

Marilyn Bradford m'a sauvé la vie. Je dépensais 500 à 1000 dollars par semaine en cocaïne et à un moment donné, je ne dormais pas pendant des semaines entières. C'était la période la plus sombre de ma vie. C'est à ce moment-là que l'on m'a renseigné Marilyn. Après avoir vu Marilyn six semaines, j'ai rompu mon habitude quotidienne pour la première fois depuis des années. Marilyn m'a donné les outils pour guérir mon addiction et créer la vie que j'avais toujours voulue. Aujourd'hui, je vis heureuse et libre de l'addiction à la cocaïne.

CC, Texas

Marilyn Bradford ouvre toutes les portes. J'ai passé des années dans les programmes en douze étapes pour de nombreuses addictions. Admettre que j'étais impuissant, c'était comme admettre que j'étais en tort. Marilyn m'a aidé à reconnaître que j'étais accro au fait d'être en tort et qu'être en tort était en fait un endroit confortable pour moi. C'était cet endroit qui me coinçait dans mes vieilles habitudes. La facilitation de Marilyn et les processus m'ont permis de comprendre et d'avoir la liberté de me débarrasser de ces habitudes et addictions. Maintenant, tout est possible. Toutes les portes sont ouvertes.

M. L., Australie

Marilyn est une facilitatrice douce et intelligente. Elle a le don de savoir exactement de quelle pépite (parmi son vaste répertoire) tu as besoin et de l'instiller au bon moment pour te donner le pouvoir de changer ce que tu es prêt à changer à ce moment-là. Il est clair que les techniques qu'elle enseigne viennent de son expérience personnelle. Marilyn sait ce qui marche.

M-J, Corée/Australie

Marilyn allie brillamment les outils d'Access et les technologies à son savoir et sa sagesse concernant les addictions pour créer un formidable impact ! Cela permet non seulement de changer les choses dans la réalité physique par rapport au comportement addictif, mais cela change aussi les schémas énergétiques qui maintiennent en place les systèmes de croyances et les anciens programmes (notamment les schémas familiaux adoptés à un très jeune âge) qui rendent l'addiction si difficile à éliminer par les méthodes traditionnelles généralement utilisées dans notre société. Si vous voulez vraiment choisir d'éliminer totalement n'importe quel comportement addictif, voici votre ticket pour un nouveau VOUS !

D. O., Tennessee

J'ai participé à l'une des téléclasses de Marilyn et j'ai aussi participé à des séances individuelles avec elle. Ce que j'adore chez Marilyn, c'est son authenticité, et sa volonté d'utiliser les outils d'Access tout en me permettant de les utiliser aussi. Elle fait ce qu'elle dit. Avec elle, attends-toi à des résultats, elle ne perd pas ton temps ni le sien.

L. L., Minnesota

Marilyn a une connaissance incroyable des addictions en tous genres, et de comment elles te maintiennent coincé et de comment tu peux commencer à les changer. Je suis toujours ébahi par toutes les informations et les moments de révélation que je reçois lors de ses appels dans le réseau Puja et la télésérie Mettre fin à l'addiction primaire — le jugement et le tort de soi. Elle présente ses connaissances approfondies d'une manière très claire, avec humour. C'est une facilitatrice qui te redonne vraiment ton pouvoir.

C. M., Pays-Bas

Je suis très reconnaissant pour Marilyn et la contribution qu'elle a été pour changer tant de choses dans mon monde. J'ai récemment participé à la téléclasse Mettre fin à l'addiction primaire. Au fil de tous ces appels, elle a été pour moi une invitation à embrasser plus de moi-même. Ne me demandez pas d'expliquer comment… c'est juste magique en fait ! Sa volonté à suivre l'énergie et à être dans le laisser-être total de chaque participant a été un immense cadeau. Je sais que cela m'a offert un espace où je suis à l'aise pour poser des questions et être plus vulnérable. Merci Marilyn pour tout ce que tu es. Je déborde de gratitude !

F. S., Nouvelle-Zélande

Marilyn est géniale. Sa volonté d'explorer le monde de l'addiction hors de la boîte nous fait passer du désespoir et de la destruction aux possibilités de vivre. L'expérience de Marilyn et sa quête continuelle d'information, combinés à son savoir intuitif, son attention et sa gentillesse nous redonnent à chacun le pouvoir de nous lever et d'assumer pour vivre notre propre vie.

D. N., Minnesota

Dès l'instant où j'ai rencontré Marilyn, je savais qu'elle avait quelque chose de « spécial ». J'aurais aimé pouvoir aller voir quelqu'un comme Marilyn quand j'étais en thérapie il y a des années. Elle est bienveillante, attentionnée et géniale dans sa facilitation. Mais ne vous leurrez pas, elle est précise comme un rayon laser et peut vous faire voir des « trucs » et vous donne le pouvoir de « savoir ce que vous savez ». Elle est comme cette mère attentionnée, consciente, qui vous renforce, que j'aurais tant aimé avoir en grandissant. Durant les classes et téléclasses de Marilyn auxquelles j'ai participé, j'ai senti que je pouvais compter sur elle et que je pouvais être vulnérable et lui dire tout parce qu'elle est dans le laisser-être et ne juge pas. Comment ai-je eu autant de chance ?

Avec gratitude,

L. W., Colorado

Bien que je ne sois pas anglophone à la base, je me suis toujours sentie entendue durant la téléclasse avec Marilyn. Je ne me sentais pas jugée par elle et du coup, j'ai pu m'ouvrir et de plus grands changements sont survenus, et elle était là avec moi. Je savais aussi qu'elle était là pour chacun des participants. C'est formidable ! Je suis arrivée contractée, avec une sensation de lourdeur tout autour de moi. Elle m'a donné des outils d'Access que j'ai utilisés. Aujourd'hui, je me sens légère. J'ai la sensation d'avoir plus d'espace et de paix. Je dors mieux. Ma tête ne tourne plus. Et je me sens bien avec moi-même. Merci Marilyn !

N. C., Rio de Janeiro, Brésil

D'autres livres d'Access Consciousness®

Sois toi et change le monde

Par le Dr Dain Heer

As-tu toujours su que quelque chose de Complètement différent était possible ? Et si tu avais le mode d'emploi pour les infinies possibilités et le changement dynamique pour te guider ? Avec des outils et processus qui fonctionnent vraiment et qui t'invitent à une façon d'être totalement différent ? Pour toi ? Et pour le monde ?

Les dix clés vers la liberté totale

Par Gary M. Douglas et le Dr Dain Heer

Les dix clés vers la liberté totale sont une façon de vivre qui expansera ta capacité de conscience pour que tu puisses avoir une plus grande conscience de toi, de ta vie, de cette réalité et au-delà. Avec plus de conscience, tu peux commencer à créer la vie que tu as toujours sue possible mais que tu n'as pas réalisée. Si tu veux vraiment faire et être ces choses, tu seras libre dans tous les aspects de ta vie.

Embodiment: The Manual You Should Have Been Given When You Were Born (en anglais)

Par le Dr Dain Heer

L'information que tu aurais dû recevoir à la naissance concernant les corps, à propos d'être toi et de ce qui est véritablement possible si tu le choisis... Et si ton corps était une source continue de joie et de grandeur ? Ce livre te fait entrer dans la conscience qu'il y a vraiment un choix différent pour toi — et ton doux corps.

Right Body for You (en anglais)

Par Gary M. Douglas et Donnielle Carter

Ce livre offre une perspective totalement différente sur les corps et ta capacité à changer le tien. Cela pourrait être bien plus facile que tu ne l'as imaginé ! Right Body for You est un livre qui t'inspirera et te montrera une façon différente de créer le corps que tu désires vraiment.

Psychologie pragmatique : des outils pratiques pour être follement heureux

Par Susanna Mittermaier

Tout le monde a au moins une personne « folle » dans sa vie (si pas nous-mêmes !) Et il y a beaucoup de diagnostics dans l'air – dépression, anxiété, TDA, TDAH, bipolarité, schizophrénie... Et s'il y avait une possibilité différente en matière de maladie mentale — et si le changement et le bonheur étaient une réalité totalement disponible ? Susanna est psychologue clinicienne et a une capacité incroyable à faciliter ce que cette réalité définit souvent comme de la folie d'un point de vue totalement différent — celui de la possibilité et de l'aisance.

Divorceless Relationships (en anglais)
Par Gary M. Douglas

La plupart d'entre nous passent beaucoup de temps à divorcer de parts d'eux-mêmes pour aimer quelqu'un. Par exemple, tu adores le jogging, mais au lieu de courir, tu passes ce temps avec ton partenaire pour lui montrer à quel point du l'aime vraiment. « Je t'aime tellement que je sacrifierais ce truc qui est tellement important pour moi pour pouvoir être avec toi. » C'est l'une des façons dont tu divorces de toi-même pour créer une relation intime. À quel point divorcer de toi-même fonctionne-t-il à long terme ?

Beyond the Stigma of Abuse (en anglais)
Par Linda Wasil

Si tu as tout essayé et que tu restais « coincé » ou en recherche, rejoins-moi pour une façon totalement différente de gérer les questions de l'abus. Ce livre ne ressemble à aucune autre que tu as pu lire, entendre ou acheter comme vrai auparavant par rapport à l'abus. Et si c'était l'information que tu demandais ?

Leading from the Edge of Possibility: No More Business as Usual (en anglais)
Par Chutisa and Steven Bowman

Imagine simplement ce que seraient ton business et ta vie si tu cessais de fonctionner sur pilote automatique et que tu commençais à générer ton business en accédant à tes prises de conscience et à la conscience de la prospérité. C'est vraiment possible. Sauf que tu dois être prêt à changer. Reconnaître une possibilité différente requiert une mentalité différente et exige presque toujours un type de conscience qui ne fait pas partie de notre expérience passée. Avec ce livre, tu auras la conscience dont tu as besoin pour mener ton business dans n'importe quel environnement !

La joie du business

Par Simone Milasas

Si tu créais ton business à partir de la JOIE du business — qu'est-ce que tu choisirais ? Qu'est-ce que tu changerais ? Qu'est-ce que tu choisirais si tu savais qu'il est impossible d'échouer ? Le business, c'est la JOIE, c'est de la création, c'est génératif. Il peut être l'aventure de VIVRE.

www.ingramcontent.com/pod-product-compliance
Lightning Source LLC
Chambersburg PA
CBHW010143270326
41928CB00018B/3240

* 9 7 8 1 6 3 4 9 3 1 9 9 1 *